JN205960

プレップ
知的財産法

小泉直樹

弘文堂

はじめに

　この本は、次の３つの特色を持った知的財産法の入門書です。

　①特許法、著作権法をめぐる紛争（争い）のパターンがわかる。本格的な勉強に進む前に、まず典型的な紛争のパターンを頭に入れておくと、理解がより進むと思います。

　②具体的にどのような紛争であるか理解できるように、Case で説明している。一般的に言って、法律に関する授業や教科書の記述は、条文の要件や判例の結論部分の解説が淡々と続き、それらが具体的にどのような場面で役に立つのかが見えにくいという傾向があります。まず、具体的な Case を思い浮かべながら学習することは有益です。

　③お手に取っていただいて一目瞭然と思いますが、薄い。一日で読める、とまでは申しませんが、ざっと読み通せる分量で書いてあります。ご存じの通り、最近では、民法はじめ各分野で重要な法改正があり、また、全分野で次々に判例が増え、ますます六法、教科書は厚くなるばかりです。読者の皆さんは知的財産法だけ勉強されるわけではありませんから、限られた時間で要領よく勉強してください。

　ほんとうに大事なポイントだけにしぼって書いてありますが、学部試験、国家試験の事例問題への基本的な対応スタンスは本書で十分理解してもらえるものと自負しています。以上のような特

色を持った『プレップ知的財産法』を、ご活用ください。

　刊行にあたり、弘文堂の北川陽子さん、木村寿香さんに大変お世話になりました。

令和元年盛夏

小泉　直樹

目　次

第Ⅰ部　特許法

第Ⅱ部　著作権法

凡　例

法　律

　本文中の括弧内で引用している条文は、第Ⅰ部では**特許法**、第Ⅱ部では**著作権法**をそれぞれ指します。

判　例

最判　最高裁判所判決
地判　地方裁判所判決

民集　最高裁判所民事判例集
判時　判例時報
判タ　判例タイムズ

第 I 部

特 許 法

第1章　特許権は誰のものか

1 特許法の基本的コンセプトと権利の帰属ルール

この章では、特許権をめぐる争いのパターンその1として、特許権の帰属に関するルールを紹介します。

特許法の基本的なコンセプトは、①当該技術分野において今まで知られていない（新規性の要件。29条1項）、しかも、②従来の技術が抱えていた技術的課題をその分野のエンジニアから見て容易ではない方法で解決した（進歩性の要件。同条2項）と認められるような技術であるかを国家（経済産業省特許庁の審査官）が審査し、もし要件を充たしていればその技術を登録・公開し、権利者（特許権者）には、登録された発明について一定期間の独占権を与える、というものです。

会社の従業員が、会社における職務の一環として新技術を発明したとします。この場合、従業員は「発明者」と呼ばれ、特許庁に特許出願し、所定の要件による審査をパスすることにより、特許権を取得することが可能です。

ただ、実際には、従業員が自分で特許権を取ることはむしろ例外です。なぜなら、多くの会社では、社内のルールによって、あらかじめ、従業員が発明を行なった場合、その発明についての特許を受ける権利（一般的には「出願権」と呼ばれます）は、会社が持つと定められているからです。

この場合、特許を受ける権利を持つ会社が特許出願し、特許権者となります。特許権は会社が持つかわり、従業員には、社内の

ルールに従い、さまざまな手当が与えられます。

　もし、特許を受ける権利を持たない者が、無断で特許出願し、まんまと特許を取得してしまった場合、特許を受ける権利を持っている者はどうすべきでしょうか。

　この場合、取得されてしまった特許を取り消すか（特許庁に対して「無効審判」という手続を起こす必要があります）、あるいは、取得されてしまった特許を取り戻すという選択肢が与えられています。以上が特許権の帰属に関する基本ルールです。

　次の事例でさらに説明しましょう。

┌─Case 1

　A社は、新型インフルエンザの感染の有無を検査する試薬を開発することとし、A社の従業員Bが、研究を行い、A試薬を発明した。A社の勤務規則には、従業員が発明をするに至った行為がその職務に属するときは、当該発明についての特許を受ける権利はA社に帰属する旨の定めがあった。にもかかわらず、Bは、A試薬の発明について特許出願をした。A社は、Bに対し、どのような法的措置をとることができるか。もし、Bが前記特許出願について特許権の登録を受けてしまった場合はどうか。

2 職務発明の帰属

　A試薬を発明したのはBであり、Bは特許出願を行っていますのでA試薬の発明に関する特許権はBに帰属するようにも思えます。

　一方で、A社の勤務規則には、従業員が発明をするに至った行為がその職務に属するときは、当該発明についての特許を受ける権利はA社に帰属する旨の定めがある点をどのように考えるべきでしょうか。

　特許法35条は、企業などの組織内で従業員等によって完成された発明の権利関係について定めた条文です。同条3項は、以下のように規定しています。

（職務発明）35条
3項　従業者等がした職務発明については、契約、勤務規則その他の
　　　定めにおいてあらかじめ使用者等に特許を受ける権利を取得させ

ることを定めたときは、その特許を受ける権利は、その発生した
時から当該使用者等に帰属する。

　ここでいう職務発明とは、「その性質上当該使用者等の業務範
囲に属し、かつ、その発明をするに至つた行為がその使用者等に
おける従業者等の現在又は過去の職務に属する発明」（35条1項）
を指します。
　これをCase 1に当てはめるとどうなるでしょうか。A社は、
新型インフルエンザの感染の有無を検査する試薬を開発すること
とし、Bが研究を行い、A試薬を発明しました。したがって、A
試薬の発明は、A社の開発プロジェクトという業務範囲に属し、
このプロジェクトの遂行として研究を行った従業員であるBは職
務上の開発行為の結果である、いいかえると、A試薬は職務発明
であるといえるでしょう。
　そして、A社の勤務規則には、従業員が発明をするに至った行
為がその職務に属するときは、当該発明についての特許を受ける
権利はA社に帰属する旨の定めがあります。したがって、35条3
項により、特許を受ける権利は初めからBではなくA社のものと
いうことになります。

3　冒認による特許の取戻し

　それでは、Bに対し、A社はどのような法的措置をとることが
できるでしょうか。

まず、Bの出願がいまだ登録はされていない場合を考えます。この場合、A社は、Bを被告として、A社に特許を受ける権利が帰属していることの確認を求める訴えを裁判所に提起して、確認判決を得た上で、特許庁に対し、出願人の名義をBからA社に変更するよう請求する手続を行うことができます。

　すでにBが特許権を得てしまった場合には、A社としては、この特許を取り消すために特許庁に無効審判を提起することができます（123条1項1項6号）。

　ただし、特許が無効となってしまうと、A試薬は誰でも製造販売できる状態となってしまいます（125条）。A社としては、特許を無効とするのではなくそのまま取り戻し、A試薬を独占的に販売等することによって研究開発に費やしたコストを回収したいと望むかもしれません。そこで、74条1項は、特許を受ける権利を有しない者によって取得された特許（冒認特許と呼びます）につ

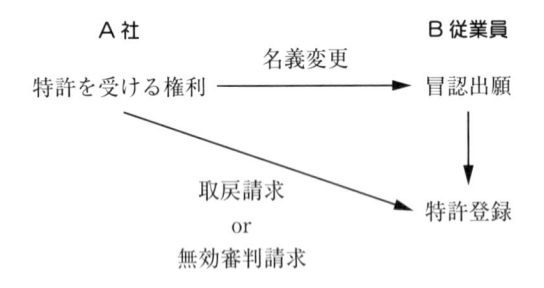

いては、特許を受ける権利を有する者（真の権利者と呼ぶこともあります）は、移転を請求できる旨規定しています。74条により、A社は、Bに対し、特許の取戻しを請求することができます。このように、A社には盗まれた特許を潰すか、生きたまま取り戻すかの二択が与えられているのです。

4 講義後の質問タイム

さんきち君（学生）　Case 1 では、勤務規則上特許を受ける権利は会社に帰属するように決められていましたが、決められていない場合はどうなるのですか？

なおき先生　そういう場合もありますね。会社によっては、社内で行われた発明の内容次第で、会社が特許を受ける権利を従業員から譲り受ける仕組みとなっていることもあります。本件でいいますと、Bの特許を受ける権利は、A社に譲渡されることもあり、されないこともある、ということになります。

さんきち君　その場合、もしBがA社に権利を譲るよりも先に社外の第三者に権利を譲ってしまい、その第三者が特許権を得た上で、特許発明を使うこと（実施といいます）についてA社を訴えてきたらどうなりますか。

なおき先生　そういうことも想定されますね。もともとこの職務発明はA社の従業員が完成したものであり、当然、A社の費用が投じられています。そのような職務発明に関する特許権によって他ならぬA社が権利行使を受けるというのは望ましくありません。

このため、35条1項では、かりに職務発明について社外の第三者が特許権を得た場合でも、会社に対しては権利行使できない（会社は職務発明を自ら実施できる）と決められています。

さんきち君　なるほど。会社側が投下資本をきちんと回収できるよう、手当がなされているわけですね。

第2章　特許権侵害（1）

──特許発明の技術的範囲──

1 特許権の侵害とは

特許権に関する紛争のパターンその2として、特許権の侵害をめぐる争いがあります。

特許は、大きく分けると、特許権の権利範囲を決める心臓部分（「特許請求の範囲」。「クレーム」とも呼ばれます）と、特許権が成立した経緯に関する技術上の情報が詳しく書かれた部分（「発明の詳細な説明」）の2つのパートから成ります。

たとえば、薬の成分がAとBの2つの化学物質から成り立っており、アレルギー性鼻炎を緩和する効き目があるものとしましょう。特許の権利範囲を決める心臓部分は、「物質Aと物質Bからなるアレルギー性鼻炎薬」ということになります。

一方、発明の詳細な説明には、たとえば、以下のように記載されています。「従来存在したアレルギー性鼻炎薬は物質Aと物質Cから成るものであったが、技術上の課題として、眠くなりやすい副作用が認められた。この課題を解決するため、物質Cに代わり、物質Bを用いることで、眠くなりにくい薬となった」。

特許権の侵害が成立するかどうかは、被告の製造販売している薬が、特許品と同様、AとBを含むアレルギー性鼻炎薬であるかを対比することによって決まります。

犯罪が成立するかを決める条件のことを刑法の用語で「構成要件」と呼びますが、特許の世界でも同じ言葉を用い、この場合は、AとBを含むこと、アレルギー性鼻炎薬であること、の2つの

「構成要件」を充たしていれば、特許権の侵害となります（特許権の「文言侵害」と呼びます）。

　実際には、すでに「物質Aと物質Bからなるアレルギー性鼻炎薬」という特許が成立しているときに、同業者が、これをそっくりコピーして売り出す、ということはあまり賢いとはいえません。特許権侵害が認められますと、被告は特許権者から製造販売の中止を求められ、場合によっては多額の損害賠償も請求されるからです。ですので、むしろ、特許に触れないように、特許とは成分に少し改変を加えて売り出そうとするでしょう。

　もし、特許の文言とピッタリ一致していないと特許権の侵害が成立しなかったら、どうなるでしょうか。同業者からみれば、ちょっとでも変えれば特許権など怖くない、ということになります。

　一方、特許権者にとっては、わざわざ手間をかけて特許をとり、技術を公開した甲斐がない、ということになりかねません。そこで、特許権の権利範囲というものは、解釈によってある程度の幅をもたせることが可能とされています。

　他方で、特許に期待される役割は、技術を公開することにありますので、どこに権利が成立しているか、裏返すと、どの範囲は自由に利用できるかをはっきり示すことが重要でもあります。

　特許権者を適切に保護しつつ、他者が自由に使える技術の範囲も明確にしたい。特許請求の範囲の解釈においては、このような一見相反するニーズを満たすことが求められるのです。

　次の事例でさらに説明しましょう。

┌─Case 2────────────────────────────────────

Aは、使用されている貸コインロッカーに顧客が誤って硬貨を入れないようにする装置を開発し、その発明について特許出願し、特許権としての登録を得た（以下「本件特許」という）。本件特許の特許請求の範囲は、「鍵を抜き取った状態において硬貨の投入行為を妨げる手段を設けたことを特徴とする貸ロッカーの硬貨誤投入防止装置」という文言からなる。本件特許の明細書の記載および図面（以下「明細書等」という。）には、鍵の抜き差しに伴って金属製の遮蔽板を回転させ、もって硬貨投入口の開閉を行う旨の具体的な実施例（実際に発明者Aが行った試作、製品の使い方、などを書いた部分）が記載されているが、他には具体的な実施例の記載はない。同実施例では、鍵が抜かれた状態では回転してきた金属製の遮蔽板が硬貨投入口を全体的に塞ぎ、硬貨が入らない構成となっている。

Bは、貸コインロッカーの製造販売をしているが、いずれの貸コインロッカーにも鍵が抜かれた状態では硬貨が投入されないようにした装置が実装されている。その製品には製品αと製品βの2種類があり、製品αは本件特許の実施例とほぼ同じ構成を有しているが、遮蔽板は樹脂製であり、回転するようにはなっておらず、遮蔽板が上下することにより硬貨投入口を開閉する構成となっている。製品βは、遮蔽板を使うことはなく、鍵が抜かれた状態で硬貨を投入しようとすると警告音が鳴るように構成されている。なお、かかる製品βの構成は、本件特許の実施例を含む明細書等を読んだだけでは、当該発明の属する技術の分野における通常の知識を有する者（当業者）が容易に想到し得ないものである。

Bの各行為は、本件特許権の侵害になるか。

（平成28年司法試験知的財産法改題）
└──────────────────────────────────────

2 抽象的な文言の解釈

　本件特許の特許請求の範囲には、鍵を抜き取った状態において硬貨の投入行為を妨げる手段を設けたことを特徴とする貸ロッカーの硬貨誤投入防止装置と書かれています。一方、Bは、鍵が抜かれた状態では硬貨が投入されないようにした装置を備えた貸ロッカーを製造販売していますので、Bによる製造販売行為は、Aの特許権の範囲内にあり、Aの特許権を侵害するようにも一見されます。ただし、本件特許の明細書等の実施例に記載された構成と、Bが実装している装置の構成（仕組み）は異なっています。このことをどう考えるべきでしょうか。

　70条は、特許発明の技術的範囲（権利範囲）は、特許請求の範囲の記載に「基づいて」定めなければならないが（1項）、その際、特許請求の範囲の用語の意義の解釈は、明細書（発明の詳細な説明と図面から成る）を「考慮して」行う（2項）、と定めています。

　まず、本件特許の特許請求の範囲に記載された「鍵を抜き取っ

た状態において硬貨の投入行為を妨げる手段」には、本件特許の実施例である「鍵が抜かれた状態では回転してきた金属製の遮蔽板が硬貨投入口を全体的に塞ぎ、硬貨が入らない構成」、製品αの「遮蔽板は樹脂製であり、回転するようにはなっておらず、遮蔽板が上下することにより硬貨投入口を開閉する構成」、そして製品βの「遮蔽板を使うことはなく、鍵が抜かれた状態で硬貨を投入しようとすると警告音が鳴るように構成」の３つのいずれも抽象的には含まれます。このため、少なくとも特許請求の範囲を文字通り解釈すると、製品αも製品βも本件特許の技術的範囲に含まれそうです。

　しかし、本件特許の効力を製品α、製品βのいずれにも及ぼすことは妥当でしょうか。特許権は、発明の内容を詳しく公開することの代償として発明者に与えられる独占権です。このような趣旨に照らしますと、本件特許の特許請求の範囲である「硬貨誤投入防止装置」の具体的な内容は、実施例として記載された「鍵が抜かれた状態では回転してきた金属製の遮蔽板が硬貨投入口を全体的に塞ぎ、硬貨が入らない構成」以外は十分に公開されていないといわざるを得ません。少なくとも、本件特許の保護をあらゆる形の「硬貨誤投入防止装置」に及ぼすことは、解釈として広すぎるといえるでしょう。

　それでは逆に、本件特許の技術的範囲を、実施例に具体的に記載された構成である「遮蔽版が金属製である装置」のみに限定してしまうことは妥当でしょうか。

　これも妥当ではありません。なぜなら、そのように本件特許の

技術的範囲を狭く解釈したのでは、特許発明の技術的範囲は特許請求の範囲の記載に基づいて解釈される、という特許法70条1項の規定に適合しません。実施例は、あくまで発明者が実際に試作などした例にすぎませんので。

　結局、本件特許の技術的範囲は、明細書の発明の詳細な説明の記載を考慮しつつ、そこに開示された構成から貸ロッカーの技術開発に携わる技術者（当業者と呼びます）が思いつくことができる方式にも及ぶものと考えるべきということになります。

　この考え方をCase 2に当てはめてみましょう。製品 β の製品 α との違いは、「本件特許の実施例を含む明細書等を読んだだけでは、当該発明の属する技術の分野における通常の知識を有する者（当業者）が容易に想到し得ないものである」ことにあります。

　このような製品 β は本件特許を侵害しません。一方、製品 α については、当業者が実施例の記載から容易に思い至ることができるものであり、本件特許の範囲に含まれると解釈してもよい、ということになります。

3　物と方法の間

　それでは、次のような特許請求の範囲はどう読むべきでしょうか。

　Aは化合物αを有効成分とするアレルギー性鼻炎治療薬に関する本件特許権を有しています。ただし、限定が付いており、「製法甲によって生産される」ことが条件です。

　特許法において、発明の種類は3つに分類され、それぞれに効果が違っています。

　第一は、「物の発明」です。たとえば、「化学物質Aからなるアレルギー性鼻炎治療薬」という発明について特許を持っていると、この条件を充たす薬の製造販売の権利が与えられます。どのような製法によって製造しても、権利が及ぶことになります。

第二に、「物の生産方法の発明」です。たとえば、「化学物質Aからなるアレルギー性鼻炎治療薬の製法B」です。この特許の対象は狭く、Bという方法での製造行為と、Bによって製造されたAから成るアレルギー性鼻炎治療薬の製造販売についてだけしか権利を行使できません。他の製造方法によって製造された薬については、特許権は及びません。

　第三が、「方法の発明」です。たとえば、「医薬品の製造過程で発生する有毒ガスの検知方法」です。この特許の効力は、特許された方法を使用してガスを検知することに及びます。

　特許発明が、物、生産方法、方法のいずれのカテゴリに該当するかは、特許請求の範囲の記載をもとに判断されます（最判平成11・7・16民集53巻6号957頁〔生理活性物質測定法事件〕）。

　この基準によりますと、本件特許権は、「アレルギー性鼻炎治療薬」に関する物の発明となります。物の発明の効力は製法を問わず及ぶことは説明しました。ところが、本件特許権には製法による制限が付いています。どう考えるべきでしょうか。

　本件特許権の特許請求の範囲は、たんに製法が甲であるとの限定しか付いていません。具体的は、製法甲で製造されたことによって、化合物αを有効成分とするアレルギー性鼻炎薬の性質が、化学物質としてどのように変わったのかは記載されていません。これでは、本件特許権に接した当業者は、製法甲を用いないということ以外、どのようにすれば本件特許権の侵害を回避できるのか判断が困難であるという問題点があります。

　要するに、本件特許権は、物の発明ではあるのですが、その範

囲が不明確であるという欠点を抱えているのです。特許は発明の公開の代償として与えられますので、特許法上、特許請求の範囲は明確に記載されていることが必要です（36条6項2号）。

　にもかかわらず、本件特許権は、この要件（明確性要件）に違反した形で特許請求の範囲が書かれており、本来的には特許庁において特許を与えるべきではなかったものであり（49条4号）、無効審判を提起されれば無効となるべきである（123条1項4号）といえます。

　このような形式で書かれた特許請求の範囲が明確性の要件をパスできるのはきわめて例外的な場合、具体的には「出願時において当該物をその構造又は特性により直接特定することが不可能であるか、又はおよそ実際的でないという事情が存在するとき」に限られるとされています（最判平成27・6・5民集69巻4号904頁〔プラバスタチンナトリウム事件〕）。

　Case 3には、本件特許権の出願時に、この形式でないと記載できなかった、あるいは、直接特定することはおよそ実際的でない、といった事情は見当たりません。本件特許権は、明確性要件に違反しているといえます。

4　講義後の質問タイム

さちお君（学生）　Case 2で、問題文に「当該発明の属する技術の分野における通常の知識を有する者（当業者）が容易に想到し得ない」とサラッと書かれていますよね。試験問題だからこれで

よいと思うのですが、実際の裁判では、どうやってこういうことを裁判官は認定するのでしょうか。

なおき先生　まず、「当業者」というのは、たとえばX会社の開発部長の丙さん、という具体的な人物を想定しているわけではありません。Case 2でいうと、従来、貸ロッカーの硬貨誤投入防止装置についてどのような公知の技術が存在したかをまず特定した上で、これらの公知技術が頭に入った平均的な技術者であれば、問題となった技術を簡単に思いついたかどうかを、事後的に推測判断するというわけです。

さちお君　そうなんですか。でも、裁判官ってすごいんですね。貸ロッカーの硬貨誤投入防止装置なんていうニッチな分野の技術にまで通じているのですか。

なおき先生　というわけではないんです。裁判所には知的財産の専門部というところがあり、調査官から技術面でのサポートが得られる仕組みがあるのです。もちろん、事実認定と法律的な判断は裁判官の仕事です。

さちお君　なるほど。知財は法律だから文系と思っていましたが理系も関係あるのですね。面白そうですね。

(参考)

　「知的財産高等裁判所には、所長が置かれるほか、裁判官、知的財産に関する事件を扱う裁判所調査官、裁判所書記官、裁判所事務官が配置されています。また、事案に応じて、非常勤職員である専門委員が事件に関与することがあります。

裁判官は、法律の専門家であり、原則として、司法試験に合格し、司法修習を終えた人の中から任命されます。これに対し、裁判所調査官及び専門委員は、技術分野についての専門的知見を有する人によって構成されています。」（知的財産高等裁判所HPより）

第3章　特許権侵害（2）
——均等侵害・間接侵害——

特許権が侵害されたというためには、侵害しているかが問題となっている相手方が、同一の技術を無断で使用しているか、具体的には、相手方の製品や方法が、特許権の技術的範囲に含まれていることが必要となります。相手方の製品等が、特許請求の範囲の文言の解釈上、その範囲に含まれるという場合、文言侵害（もんごんしんがい）が成立する、といいます。**第2章1**でも学びましたね。

　それでは、次の事例のような場合はどうでしょうか。

┌Case 4

　甲は、切断した食材が刃に付着しないようにするため、刃体に孔（あな）を空けた包丁を発明し、特許請求の範囲を「刃体に〔構成要件A〕丸い〔構成要件B〕孔を空けた〔構成要件C〕包丁〔構成要件D〕」とする本件特許を取得した。その後乙は、「刃体に〔構成要件a〕四角い〔構成要件b〕孔を空けた〔構成要件c〕包丁〔構成要件d〕」（乙包丁）の製造販売を始めた。乙の製造販売行為は、本件特許権の侵害となるか。　（渋谷達紀『知的財産法講義Ⅰ』〔第2版、有斐閣、2006年〕219〜220頁の事例をもとにしている）

1 均等侵害

　まず、文言侵害については、成立しません。乙包丁は、本件特許の構成要件A、C、Dを充たしますが（構成要件を充足する、といいます）、構成要件Bを充たさないからです。

　しかしながら、かりに、次のような事情が認められたとしたらどうでしょうか。

　まず、甲の発明の要点は、食材を付着させないという課題を解決するために、包丁に孔を空けるという構成を採用した点にあり、包丁に空けられた孔の形が丸いか四角いか、という形の違いは、課題の解決にとって本質的な影響はない、とします〔事情1〕。

　さらに、本件特許の特許請求の範囲に記載されている構成要件Bに接した当業者である包丁の開発者が、丸い孔を四角くすることは可能であり〔事情2〕、しかも容易に想い至るものであった〔事情3〕とします。

　このような場合であって、かつ、乙包丁が本件特許出願時の公知技術または公知技術から容易に考え出せたものではなく〔事情4〕、甲が審査時に意識的に本件特許の技術的範囲から除外した構成でもない〔事情5〕という場合に、特許権侵害を認めるというのが　均等侵害という考え方です。

　均等侵害は、特許法の条文には規定されていないのですが、最高裁の判決（最判平成10・2・24民集52巻1号113頁〔ボールスプライン事件〕）によって認められています。以下が判決の原文です。

「特許請求の範囲に記載された構成中に対象製品等と異なる部分が存する場合であっても、(1) 右部分が特許発明の本質的部分ではなく〔第一要件〕、(2) 右部分を対象製品等におけるものと置き換えても、特許発明の目的を達することができ、同一の作用効果を奏するものであって〔第二要件〕、(3) 右のように置き換えることに、当該発明の属する技術の分野における通常の知識を有する者（以下「当業者」という。）が、対象製品等の製造等の時点において容易に想到することができたものであり〔第三要件〕、(4) 対象製品等が、特許発明の特許出願時における公知技術と同一又は当業者がこれから右出願時に容易に推考できたものではなく、かつ、(5) 対象製品等が特許発明の特許出願手続において特許請求の範囲から意識的に除外されたものに当たるなどの特段の事情もないときは、右対象製品等は、特許請求の範囲に記載された構成と均等なものとして、特許発明の技術的範囲に属するものと解するのが相当である。」

2 講義後の質問タイム

さんきち君（学生） Case 4 なのですが。そもそも、特許請求の範囲というものは、権利範囲をはっきりさせるためにあると思うのです。Yは、本件特許の特許請求の範囲に「丸い孔」とはっきり書いてあるので、四角い孔を空けて製造販売したのに、後からXから権利侵害で訴えられる、という均等侵害の考え方は、納得できない気がします。他の法律の授業でよく出てくる言葉でいうと、予測可能性を害していませんか。

なおき先生　Yとしてはそのような不満を持つのはもっともなところがありますね。ちなみに、最高裁は、ボールスプライン事件判決において、均等という考え方を採用する理由を次のように説明しています。

> 「特許出願の際に将来のあらゆる侵害態様を予想して明細書の特許請求の範囲を記載することは極めて困難であり、相手方において特許請求の範囲に記載された構成の一部を特許出願後に明らかとなった物質・技術等に置き換えることによって、特許権者による差止め等の権利行使を容易に免れることができるとすれば、社会一般の発明への意欲を減殺することとなり、発明の保護、奨励を通じて産業の発達に寄与するという特許法の目的に反するばかりでなく、社会正義に反し、衡平の理念にもとる結果となる」

Case4でいうと、Xは、丸い孔を空けた包丁を思いついた。この発明は、孔の形が丸でも四角でも効果の点は実は同じなので、本来ならば、構成要件Bは「丸又は四角」と記載するか、あるいは、構成要件Bを記載せず、孔の形を特定しないでおけば、Y包丁は本件特許の技術的範囲に文言上含まれるはずです。ところが、「丸い」と特定されてしまっているので、Yは孔の形を四角に変えることで簡単に文言侵害を免れてしまう。これでは、Xは特許を取った意味はないし、社会にとっても、新しい技術を開発した人がやる気を失うことは損失だ、といったことでしょうか。

さんきち君　予測可能性を犠牲にしても特許権者を救うのですか。

かなり微妙な判断ですね。

なおき先生 そうですね。実際のところ、これまで、裁判所が均等侵害の主張を実際に認めた事例はごくわずかです。

さんきち君 でしょうね。それなら納得です。

さて、次の事例で特許権侵害は認められるでしょうか。

Case5

Aは、充電式でない電池（以下「使い捨て電池」という。）を充電する方法の発明（以下「本件発明」という。）について特許権を有している。本件発明によると、電圧が低下した使い捨て電池を充電して繰り返し使用することができる。メーカー Bは、新型の充電器（以下「B製品」という。）を開発し、製造販売している。B製品は、充電式の電池を充電する機能のほかに、電圧が低下した使い捨て電池を本件発明と同一の方法で充電する機能を有しており、ユーザーは充電したい電池の種類に応じて充電機能を選択することができるように設計されている。Bの行為は、本件発明に関する特許権を侵害するか。　　　　　（平成24年司法試験知的財産法改題）

本件発明		B製品
使い捨て電池を充電する「方法」	⊃	使い捨て電池を充電する機能
	?	+
		充電式電池を充電する機能

3 間接侵害

　本件発明は方法の発明です。方法の発明の実施行為はその方法の使用に限られます（2条3項2号）。**Case 5** では、本件発明の方法を利用してAに無断で使い捨て電池を充電すると、本件発明に関する特許権の侵害が成立します。

　一方、Bは本件発明と同一の方法を使用して充電しているわけではありません。Bが行っているのは、充電器（B製品）の販売です。Bは、自らAの方法を直接使用して充電しているわけではありません。本件発明と同一の方法を使用して充電を行うのは、B製品を入手したユーザーです。B製品の製造販売行為は、ユーザーによる本件発明に関する特許権の侵害行為の手段を提供し、助長する行為といえます。

　ここで問題となるのは、B製品の用途は、本件発明と同一の方法を使用した使い捨て電池の充電だけではないことです。もう1つの用途として、充電式の電池を充電する機能も有しています。言い換えますと、B製品をBが製造販売しても、それを入手したユーザーが本件発明と100%同一の方法を使用して充電するわけではないということです。

　特許法はこの問題を次のように解決しています。

　第一に、本件発明と同一の方法を使用して充電する行為は、本件発明に関する特許権を侵害します。特許発明の実施を特許権者

に無断で行う行為であり、直接侵害と呼びます。上記のとおり、Case5では、この行為はBによっては行われていません。

第二に、方法の発明の特許について、その方法の使用にのみ用いる物を生産、販売等する行為も、特許権の侵害とみなされます（101条4号）。放置すると、直接侵害を惹き起こす可能性が高いからです。このように侵害行為とみなされる行為を間接侵害と呼びます。間接侵害は、方法だけでなく、物の発明に関する特許権についても成立します（101条1号2号）。

「にのみ」という要件は、文言通り解釈すると専用、ということになります。この点、B製品には使い捨て電池と充電式電池の双方の充電に使用可能です。裁判例は、「にのみ」という言葉について、文字通り専用という場合に加えて、「経済的、商業的、実用的な他の用途がない場合」も含むものと解釈しています。しかしながら、この基準によっても、充電式の電池を充電するという用途は「他に経済的、商業的、実用的」な用途といえるでしょうから、「にのみ」の要件は充たされず、101条4号による間接侵害は成立しないと思われます。

第三に、B製品のように、もっぱら直接侵害のためにのみ用いられるとまではいえない行為についても、101条5号の要件を充たせば間接侵害が成立します。

（侵害とみなす行為）101条

次に掲げる行為は、当該特許権又は専用実施権を侵害するものとみなす。

5号　特許が方法の発明についてされている場合において、その方法の使用に用いる物（日本国内において広く一般に流通しているものを除く。）であつてその発明による課題の解決に不可欠なものにつき、その発明が特許発明であること及びその物がその発明の実施に用いられることを知りながら、業として、その生産、譲渡等若しくは輸入又は譲渡等の申出をする行為

　5号の「発明による課題の解決に不可欠」とは、それを用いることにより初めて発明の解決しようとする課題が解決されるような部品、道具、原料等をいいます。たとえば、「コンタクトレンズの洗浄方法」の発明について、当該洗浄に用いる洗浄剤は、「発明による課題の解決に不可欠」なものに当たります。

　「日本国内において広く一般に流通しているもの」というのは、汎用品のことです。たとえば、汎用品として一般に販売されている螺子（ねじ）はこれに当たります。これに対して、特許製品用に特注された特殊な螺子は「広く一般に流通しているもの」とはいえません。

　この点、B製品は本件発明と同一の方法で充電すること、すなわち本件発明の使用に用いられます。しかも、本件充電器は2つの用途を兼ね備えた特別な製品であり、どちらかのみに使用される一般的な汎用品と異なります。

　そして、B製品を使用することにより、本件発明の課題の解決すなわち使い捨て電池の充電が可能となります。

　Bが、たとえB製品の製造販売開始の時点ではAの発明が特許登録されており、B製品がAの発明の実施に用いられることを知

らなかったとしても、Aから特許権侵害の警告書または訴状を受領することにより、「その発明が特許発明であること及びその物がその発明の実施に用いられることを知」ることになり、この要件は充たされます。

4 講義後の質問タイム

さちお君 B製品を用いるユーザーが一般消費者の場合、ユーザーは特許権を直接侵害していませんね。

なおき先生 はい。「業として」(68条) の実施に当たりませんから。

さちお君 直接侵害が成立しないにもかかわらず、間接侵害の成立を認めることは、適切ではないのではないですか。

なおき先生 その点については、さちお君と同じ考えの先生もおられます。刑法で、「正犯なければ共犯なし」という考えがあるのを知っていますか。同じような考え方です。

さちお君 刑法で習いました。ぼくもその先生の考え方に賛成です。

なおき先生 そもそもなんで直接侵害行為は「業として」行われる必要があるかというと、個人的、家庭内で行われる実施行為にまで特許法による規制を及ぼすべきではない、という政策的理由によるとされています。本来は特許権侵害行為であるが、個人的、家庭内の行為にはあえて権利行使を控える、ということです。現実的に、家庭内で充電が行われても、特許権者が発見して権利行

使するということは極めて困難であるといえますが。

　一方、間接侵害行為は、直接侵害を惹き起こす可能性の高い行為であり、特許法101条の条文上、「業として」行われることが必要とされています。個人的、家庭内であっても、現に特許発明である充電方法が使用されています。個人的、家庭内で方法を使用する者には権利行使はできませんが、それらの者に業として手段を提供する者に対しては、別途原則どおり権利行使をするという考え方も成り立ちます。現に、特許法101条は、間接侵害行為については「業として」行われることを必要としていますが、直接侵害行為については必要としていません。

さちお君　ほんとですね。「業として」は生産等には要件となっていますが、「その方法の使用」については要件となっていません。「その方法の業としての使用」とは書かれていません。

なおき先生　ちなみに、Case 5 と同じく、家庭内で特許方法を使用するために用いられる機械の製造販売が間接侵害に該当するかが問題となった事件において、大阪地判平成12・10・24判タ1081号241頁〔製パン器事件〕は次のように述べて、間接侵害の成立を認めています。

　　「同法（特許法―筆者注）が特許権の効力の及ぶ範囲を「業として」行うものに限定したのは、個人的家庭的な実施にすぎないものにまで特許権の効力を及ぼすことは、産業の発達に寄与することという特許法の目的からして不必要に強力な規制であって、社会の実情に照らしてゆきすぎであるという政策的な理由に基づくものであ

るにすぎず、一般家庭において特許発明が実施されることに伴う市場機会をおよそ特許権者が享受すべきではないという趣旨に出るものではないと解される。そうすると、一般家庭において使用される物の製造、譲渡等（もちろんこれは業として行われるものである）に対して特許権の効力を及ぼすことは、特許権の効力の不当な拡張であるとはいえず、かえって、上記のような政策的考慮によって特許権の効力を制限した反面として、特許権の効力の実効性を確保するために強く求められるものともいえる。」

第4章　特許権侵害（3）
──相手方の反論・損害賠償──

第2章・第3章では、それぞれ、特許権の侵害とは何かについて簡単に説明しました。おさらいしますと、第一に、特許権を侵害しているかが問題となっている相手方の製品や方法が、特許権の範囲に含まれていること（文言侵害と均等侵害とがあります）、第二に、相手方が、特許権の実施行為をしているか（直接侵害）、または、直接侵害を惹き起こす可能性の高い行為をしていること（間接侵害）が必要となります。

相手方の製品や方法が特許権の技術的範囲に含まれる場合であっても、なお、例外的に特許権の侵害が認められない場合（相手方の抗弁といいます）がいくつかあります。

次の事例で考えてみましょう。

Case6

（1）Aは、平成12年7月、携帯電話に関する発明（以下「本件発明」という。）の特許出願をし、平成15年1月、本件発明について特許権の設定登録を受けた。

Bは、平成15年10月から、本件発明の技術的範囲に属する携帯電話αの製造販売を開始し、現在（平成19年5月）も、その製造販売を継続している。

（2）Bによる携帯電話αの製造販売については、次のような事情があった。Bは、平成12年2月、知人のCから、携帯電話に関する技術に関する論文（以下「本件論文」という。）のコピーを入手したことをきっかけに、本件論文記載の技術を用いて携帯電話の製造販売事業を行うことを企画した。そして、Bは、Aによる本件発明の

特許出願時までに、Bの工場内で携帯電話αの試作品を完成させていた。本件論文は、Cが、自己の研究の成果を記載して作成し、平成12年1月、Cを含む会員6名で構成される先端技術に関する私的研究会の席上で各会員に交付したものであった。Bの行為はAの特許権を侵害するか。　　　　　（平成19年司法試験知的財産法改題）

	A	B
H12年　1月		C、本件論文を会員に交付
2月		Cから本件論文を入手
		携帯電話 α の試作品完成
7月	本件発明出願	
H15年　1月	登録	
10月		携帯電話 α の製造販売開始
H19年　5月		販売継続中

1 先使用の抗弁

　Bは、現在も本件発明の技術的範囲に属する携帯電話αの製造販売をしていますので、本来ならば、Aは、Bに対して、特許権侵害を主張できるはずです。しかし、Bは、本件発明の特許出願時（平成12年7月）までに、Bの工場内でαの試作品を独自に（Aの本件発明については知らずに）完成していました。実際の販売開始はAに遅れましたが、BはAと同じ技術を開発するため、それ

なりの研究開発投資を行っていたということになります。たしかに、Aは特許権を有しており、Bは本件発明の技術的範囲に属する携帯電話αを、Aからライセンスを受けるなどすることなく無断で製造販売していますが、特許法は、このような場合、AとBの公平の観点から、Bに先使用の抗弁（先使用権ともいいます）を認め、Bにそのまま製造販売を許しています。

（先使用による通常実施権）79条
　特許出願に係る発明の内容を知らないで自らその発明をし、又は特許出願に係る発明の内容を知らないでその発明をした者から知得して、特許出願の際現に日本国内においてその発明の実施である事業をしている者又はその事業の準備をしている者は、その実施又は準備をしている発明及び事業の目的の範囲内において、その特許出願に係る特許権について通常実施権を有する。

　Case6では、Bによる携帯電話αの試作品の完成が、79条にいう「事業の準備」に当たります。

2 無効の抗弁

Case6では、Bは、Aの特許出願時より前である平成12年2月に、知人のCから、符号化データの蓄積・転送装置の技術に関する論文（以下「本件論文」という。）のコピーを入手したことを契機に、本件論文記載の技術を用いて携帯電話の製造販売事業を行うことを企画しています。そして、本件論文は、Cが、自己の研究の成果を記載して作成し、平成12年1月、Cを含む会員6名から成る先端技術に関する私的研究会の席上で各会員に交付したものでした。

携帯電話αの試作品に本件論文の技術が用いられているということは、試作品の技術、つまり本件発明の技術的範囲に属する技術は、Aの特許出願前に、私的研究会の会員という限られた範囲内ではありますがすでに知られていたということになります。

特許は、発明を公開した者に、その代償として与えられるものですので、特許出願前にすでに知られていた発明に対して特許を与えても社会にとって百害あって一益なし、ということになります。特許を取得するためには、出願された発明が公知でないこと（新規性といいます）が必要です。

（特許の要件）29条
1項　産業上利用することができる発明をした者は、次に掲げる発明を除き、その発明について特許を受けることができる。

1号　特許出願前に日本国内又は外国において公然知られた発明
3号　特許出願前に日本国内又は外国において、頒布された刊行物
　　　に記載された発明又は電気通信回線を通じて公衆に利用可能と
　　　なつた発明

　それでは本件発明は、公知であったのでしょうか。まず、本件論文は、平成12年 1 月、Aを含む会員 6 名で構成される先端技術に関する私的研究会の席上で各会員に交付されたものですので、学会誌に掲載された場合のように、「頒布された刊行物」（29条 1 項 3 号）とまではいえないでしょう。一方、会員 6 名とはいえ、その 6 名が本件論文をメンバー外の誰かに渡してしまい、本件発明が公知（同項 3 号）となる可能性はあります。もっとも、この研究会の明示または黙示のルール上、研究会で配布した資料は会員外には漏らさないことになっていたという場合には、本件論文の配布だけでは、29条 1 項 1 号には該当しないという場合もあるでしょう。結局、本件発明に新規性が認められるかは、条件次第の微妙な判断になるということになります。

　ここでは、かりに29条 1 項 1 号に該当し、Aの特許出願前にすでにαの技術すなわち本件発明は公知であったとしましょう。

　この場合、本来ならば、特許出願は拒絶されるべき場合ですが、現実には、私的研究会での資料配布について特許庁の審査官は知る由もなく、特許が成立してしまいました。

　Aから特許権侵害の主張を受けたBの対処法としては、特許庁に本件特許の無効審判を提起し、特許権を消滅させることが可能です（123条）。

ただ、この方法では無効審判の決着がつくまでAとBの争いは待たされることになります。そこで、AとBとの特許権侵害訴訟において、Bの側から、本件特許は、かりに無効審判を提起すると無効になるべきものであるとの主張を許す仕組みとなっています。これを無効の抗弁と呼びます。

　無効の抗弁が主張されますと、特許権侵害訴訟の裁判所において、特許の有効性（無効かどうか）が判断されます。

（特許権者等の権利行使の制限）104条の3

1項　特許権又は専用実施権の侵害に係る訴訟において、当該特許が特許無効審判により又は当該特許権の存続期間の延長登録が延長登録無効審判により無効にされるべきものと認められるときは、特許権者又は専用実施権者は、相手方に対しその権利を行使することができない。

　無効審判で特許が無効となりますと、その特許は誰に対しても全面的に無効となります（125条）。これに対し、無効の抗弁が認められても本件特許自体が無効となるわけではなく、たんに、AとBとの間で、AのBに対する差止請求等が認められないというだけにとどまります。

3　試験研究の抗弁

　特許制度は発明を公開する代償として独占権を与えるものです。特許によって公開された発明をもとに、当業者が研究開発を行

い、さらなる改良技術を促すことが期待されています。このため、発明の詳細な説明は、当業者が実施可能な程度に明確かつ十分に記載されている必要があります（36条4項1号）。

一方、特許権の技術的範囲に含まれている製品や方法を業として生産、販売等（特許発明の実施）すると、特許権の侵害となります。

それでは、当業者が、特許に書かれた発明が実際に実施可能なものであるか調査等するために、試験的に生産、販売する場合はどうでしょうか。もし、このような行為にまで逐一特許権者におうかがいを立てなければできないとしたらどうでしょう。特許権者は、特許に書かれた技術を検証することを禁止できることになってしまいます。どうせ検証できないなら、本当のことを書く必要はない、という特許権者すら現れるかもしれません。

というわけで、特許法は、試験または研究のための特許発明の実施については特許権の侵害に当たらないと規定しています。

（特許権の効力が及ばない範囲）69条
1項　特許権の効力は、試験又は研究のためにする特許発明の実施には、及ばない。

次の事例を考えてみましょう。

┌Case 7
製薬会社Aは、認知症に効く新薬の開発を進め、数々の実験を重ねた結果、製法甲によって、認知症治療に優れた効能を発揮する化

合物αを製造することに成功し、特許請求の範囲を「製法甲によって生産される化合物αを有効成分とする認知症治療剤」（以下「本件発明」という。）とする本件特許権を取得し、本件特許権の技術的範囲に含まれるA治療剤を製造販売している。

　製薬会社Bは、製法甲によって生産される化合物αを有効成分とする医薬品が所定の効能を有するか疑問を抱き、これを確かめる目的で、Aに無断で、本件発明の技術的範囲に属する医薬品を製造して実験をした結果、所定の効能を有することを確認した。

　一方、製薬会社Cは、本件特許権の存続期間が満了した後にA治療剤と同一の製法により同一の有効成分を有する後発医薬品（C治療薬）を製造販売する計画を立て、C治療薬につき「医薬品、医療機器等の品質、有効性及び安全性の確保等に関する法律」（以下「薬機法」という。）所定の承認申請を行う際に必要な資料を揃えるために、Aに無断で、A治療剤を実際に製造して承認申請に必要な試験を行い、その結果、C治療薬につき薬機法所定の承認を得た。

（平成26年司法試験知的財産法改題）

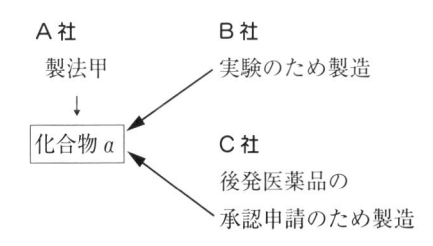

A社　　　　　　　　B社
　製法甲　　　　　実験のため製造
　　↓
　化合物α　　　　C社
　　　　　　　　　後発医薬品の
　　　　　　　　　承認申請のため製造

　製薬会社Bが、A治療剤が所定の効能を有することを確認するために製造した行為は、69条1項の試験研究のための利用に当た

ります。

　製薬会社Cの行為はどうでしょうか。Cの製造販売行為は、A
の特許権の存続期間が満了した後に予定されています。問題は、
医薬品の製造販売のためには、薬機法上の承認を得る必要があり、
承認申請に必要な書類を備えるためには、CがA治療剤と同一成
分の治療薬を製造する必要があることです。もちろん、この製造
は、監督官庁である厚生労働省への申請のために限定されたもの
であり、一般に販売されるものではありません。そうではありま
すが、形式上は、特許発明の技術的範囲に含まれる製品の製造に
当たります。

　この問題について、最高裁の判決（最判平成11・4・16民集53巻
4号627頁〔膵臓疾患治療剤事件〕）は、次のように述べて、試験ま
たは研究のための利用に当たり特許権者の許諾は要らないとしま
した。

　　「特許制度は、発明を公開した者に対し、一定の期間その利用に
　ついての独占的な権利を付与することによって発明を奨励するとと
　もに、第三者に対しても、この公開された発明を利用する機会を与
　え、もって産業の発達に寄与しようとするものである。このことか
　らすれば、特許権の存続期間が終了した後は、何人でも自由にその
　発明を利用することができ、それによって社会一般が広く益される
　ようにすることが、特許制度の根幹の一つであるということができ
　る。

　　薬事法〔薬機法の前身〕は、医薬品の製造について、その安全性

等を確保するため、あらかじめ厚生大臣の承認を得るべきものとしているが、その承認を申請するには、各種の試験を行った上、試験成績に関する資料等を申請書に添付しなければならないとされている。後発医薬品についても、その製造の承認を申請するためには、あらかじめ一定の期間をかけて所定の試験を行うことを要する点では同様であって、その試験のためには、特許権者の特許発明の技術的範囲に属する化学物質ないし医薬品を生産し、使用する必要がある。もし特許法上、右試験が特許法69条1項にいう「試験」に当たらないと解し、特許権存続期間中は右生産等を行えないものとすると、特許権の存続期間が終了した後も、なお相当の期間、第三者が当該発明を自由に利用し得ない結果となる。この結果は、前示特許制度の根幹に反するものというべきである。」

4 消尽の抗弁

　特許権の効力は、特許製品の使用、譲渡に及びます（2条3項）。このため、特許発明の技術的範囲に含まれる製品を、特許権者に無断で使用、譲渡する行為は特許権侵害となります。

　それでは、中古販売はどうでしょうか。たとえば、自動車については特許権が多数成立していますが、中古車のディーラーは、中古販売が行われるたびに、特許権者を探して許諾をもらっているのでしょうか。そのようなことはありません。では、なぜ許諾は必要ないのでしょうか。

　実は、特許法にはそのことを定めた規定はありません。特許権

者等が譲渡した製品については、特許権を行使できないとする考え方（消尽の抗弁といいます）は、最高裁の判例（最判平成19・11・8民集61巻8号2989頁〔インクタンク事件〕）によって認められています。

「特許権者又は特許権者から許諾を受けた実施権者（以下、両者を併せて「特許権者等」という。）が我が国において特許製品を譲渡した場合には、当該特許製品については特許権はその目的を達成したものとして消尽し、もはや特許権の効力は、当該特許製品の使用、譲渡等……には及ばず、特許権者は、当該特許製品について特許権を行使することは許されないものと解するのが相当である。」

「この場合、特許製品について譲渡を行う都度特許権者の許諾を要するとすると、市場における特許製品の円滑な流通が妨げられ、かえって特許権者自身の利益を害し、ひいては特許法1条所定の特許法の目的にも反することになる一方、特許権者は、特許発明の公開の代償を確保する機会が既に保障されているものということができ、特許権者等から譲渡された特許製品について、特許権者がその流通過程において二重に利得を得ることを認める必要性は存在しないからである」

要するに、再販売行為に特許権の行使を認めることは、「市場における特許製品の円滑な流通」を妨げ、特許権者に最初の譲渡に対する対価と再度の譲渡に対する対価という形で「二重に利得」を認めることになる、という理屈です。

それでは、次のような場合に特許権を行使することは、「二重の利得」に当たるでしょうか。**Case 7**の続きです。

┌─ Case 8 ───
　製薬会社Aは、認知症に効く新薬の開発を進め、数々の実験を重
ねた結果、製法甲によって、認知症治療に優れた効能を発揮する化
合物αを製造することに成功し、特許請求の範囲を「製法甲によっ
て生産される化合物αを有効成分とする認知症治療剤」（以下「本
件発明」という。）とする本件特許権を取得し、本件特許権の技術
的範囲に含まれるAカプセルを製造販売している。
　製薬会社Dは、Aカプセルと同一の効能を有する錠剤の医薬品
（以下「D錠」という。）を開発し、薬機法所定の承認を得た上で、
Aカプセルを市場において大量に購入した上、Aに無断で、Aカプ
セルから化合物αを含む薬剤を取り出し、化合物αに化学反応を生
じさせないように、上記薬剤に精製水を加えて溶かし、化合物αを
再精製し、これを固めて錠剤とし、この錠剤に特殊な皮膜を施すこ
とによって、D錠を製造し、これを販売している。Dの行為は、A
の特許権を侵害するか。　　　　（平成26年司法試験知的財産法改題）
└──

丁の行為

Aカプセル購入→化合物α取出し→再精製→D錠製造・販売

　Aカプセルは A が販売したものです。これをそのまま再販売す
る行為については、消尽の抗弁が成立します。一方、D が販売し
ているのは、A カプセルそのものではなく、A カプセルから再精
製・固定した D 錠ですが、A カプセルと同一の効能を有する錠剤
の医薬品です。このように、特許権者が譲渡した製品にその後変
更が加えられた場合にどこまで消尽の抗弁が成立するかについて、

前掲のインクタンク事件最高裁判決は次のように述べています。

　「特許権者等が我が国において譲渡した特許製品につき加工や部材の交換がされ、それにより当該特許製品と同一性を欠く特許製品が新たに製造されたものと認められるときは、特許権者は、その特許製品について、特許権を行使することが許されるというべきである。」

　「上記にいう特許製品の新たな製造に当たるかどうかについては、当該特許製品の属性、特許発明の内容、加工及び部材の交換の態様のほか、取引の実情等も総合考慮して判断するのが相当」である。

　では、カプセルDは、「当該特許製品の属性、特許発明の内容、加工及び部材の交換の態様のほか、取引の実情等」という基準に当てはめると、カプセルAとは同一性を欠く製品として「新たに製造」されたものといえるでしょうか。

　かりに、カプセルAから薬剤 α を取り出す過程で成分または品質に何らかの影響が生じ得る場合には、カプセルDとカプセルAはたとえ成分として同一であっても、「特許製品の属性」という点からは同一でないということになり、「新たに製造」されたと評価される可能性があります。

5　講義後の質問タイム

さんきち君（学生）　いったん特許権者が売った製品のリサイクル品について、特許権者が差し止めることができるという結論に違和感があるのですが。リサイクルは地球にやさしいですし。特許

権者は最初の販売でいったん儲かっているのですよね。

なおき先生　そこは疑問を持つ人もいるでしょうね。実際、この事件の一審は、特許権侵害を認めませんでした。判決は、さんきち君と同じようなことを最後で述べていますよ。最高裁の言いたいことは、最初に譲渡されたのと同じ状態の製品については特許権者は文句をいえないが、変更が加えられて新しい製品になった場合は、もう一度権利行使の対象とする、という形で線引きをすべきだ、ということでしょうね。

さんきち君　でも、製品の属性、特許の内容、取引の実情、なんて基準は総花的すぎて当業者はどこまでやってよいのかわかりにくいのではないでしょうか。

なおき先生　それはごもっとも。でも、それだけ違法と適法の境界は　微妙ということだと思いますよ。

6　並行輸入の抗弁

　特許製品が日本において譲渡された場合、消尽が成立することは説明しました。それでは、特許製品が日本国外で譲渡された場合も同じと考えてよいでしょうか。消尽の成立根拠は市場における特許製品の円滑な流通と二重利得の禁止の2つにありました。

　一度特許権者が譲渡した特許製品について、なるべく自由に流通させるべきであるという点では、日本国内も国外もあまり変わりはないでしょう。一方、二重利得については、国外で譲渡された特許製品に対して日本の特許権を行使することが直ちに「二重

利得」となるとはいえません。なぜなら、日本の特許権が及ぶのは、日本の国内における実施行為に限られ、国外での生産、譲渡には及ばないため、国外で特許製品が譲渡されたことによって得られた利得（対価）を日本の特許権者の利得と見ることはできないからです。

　たとえば次のような事例を考えてみましょう。

Case 9

　Aは、物の発明αについて、日本において本件特許権を有している。Aは、甲国において、Bに、本件特許権の実施品である製品βを譲渡した。その際、AはBに対し、βを販売する地域を甲国に限ること、βには「甲国外への輸出を禁止する」という表示を付すこと、Bの直接の販売先には甲国外に輸出しないことを同意させること、を義務付けた。Cは、甲国内でBからβを購入し、日本へ輸出し、日本国内で販売している。Cの行為は本件特許権の侵害となるか。
（平成23年司法試験知的財産法改題）

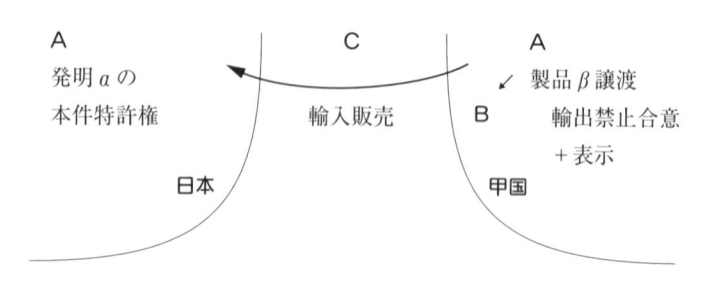

このような例について、最高裁の判例（最判平成9・7・1民集51巻6号2299頁〔BBS事件〕）は次のようなルールを示しています。

　「我が国の特許権者又はこれと同視し得る者が国外において特許製品を譲渡した場合においては、特許権者は、譲受人に対しては、当該製品について販売先ないし使用地域から我が国を除外する旨を譲受人との間で合意した場合を除き、譲受人から特許製品を譲り受けた第三者及びその後の転得者に対しては、譲受人との間で右の旨を合意した上特許製品にこれを明確に表示した場合を除いて、当該製品について我が国において特許権を行使することは許されないものと解するのが相当である。」

　これをCase 9に当てはめると、日本の特許権者Aは、国外である甲国において特許製品βを譲渡する際、譲受人であるBとの間で、βの販売先を甲国に限定することを合意した上で、βに甲国外への輸出を禁止する表示を義務付けています。にもかかわらずβを日本国内で特許権者Aに無断で販売するCの行為は、Aの特許権を侵害します。

7　損害賠償

　ここまで、特許権侵害訴訟における特許権者と相手方のそれぞれの主だった主張反論についてお話ししました。ここまでの攻防、つまり特許権が侵害されているか、についての訴訟当事者のやり取りは、「侵害論」と呼ばれます。

侵害論において特許権が侵害されており、相手方の反論もいずれも成り立たないということになった後は、相手方に対していかなる額の損害賠償が命じられるか、という段階に入ります。このフェイズは、「損害論」と呼ばれます。

　たとえば、A社が特許権を持っており、自社でこの発明を用いて製品を製造し、販売していたとしましょう。月平均、この製品により、1,000万円の利益があったとします。

　ここに、B社が、A社の特許権を侵害した製品を市場に投入し始め、両社の製品は市場で競合することになりました。

　侵害が開始されてから、A社の利益は減少しはじめ、ついに1月500万円になりました。

　一方、この間、B社は300万円の利益が上がりました。

　さて、この場合、A社はいくらの損害を被ったと主張できるでしょうか。

　特許法は、いくつかの選択肢を用意しています。

（損害の額の推定等）102条

1項　特許権者又は専用実施権者が故意又は過失により自己の特許権又は専用実施権を侵害した者に対しその侵害により自己が受けた損害の賠償を請求する場合において、その者がその侵害の行為を組成した物を譲渡したときは、次の各号に掲げる額の合計額を、特許権者又は専用実施権者が受けた損害の額とすることができる。

（1号・2号　省略）

2項　特許権者又は専用実施権者が故意又は過失により自己の特許権又は専用実施権を侵害した者に対しその侵害により自己が受けた損害の賠償を請求する場合において、その者がその侵害の行為により利益を受けているときは、その利益の額は、特許権者又は専用実施権者が受けた損害の額と推定する。

3項　特許権者又は専用実施権者は、故意又は過失により自己の特許権又は専用実施権を侵害した者に対し、その特許発明の実施に対し受けるべき金銭の額に相当する額の金銭を、自己が受けた損害の額としてその賠償を請求することができる。

　各項の内容を具体的に考えてみましょう。

　1つ目の計算方法は、侵害がなければA社自身あとどれだけ利益を上げられただろうか、という仮定にもとづく方法です。

　たとえば、この例で、B社が侵害製品を30個販売していたとします。そして、A社が自社で製造した特許製品を販売すると、1個あたり5万円利益を上げていたとします。

　もし、B社の侵害が発生しなければ、A社は、B社が売り上げた30個分、余計に売り上げることができたのではないか、というのが、この2つ目の計算方法の発想です。

　30個分、1個あたり5万円ですから、30×5万$= 150$万円を、A社の損害として請求していくことになります。

　ただし、この計算方法についても、A社とB社の営業能力に大きな違いがあるなどといった事情がありますと、その分については、減額せざるを得ません。

　2つ目の選択肢は、B社の売り上げをもとにしてA社の損害を

計算する、という方法です。

　この方法では、A社が、自分がいくら損したかを積極的に主張立証する必要はなく、B社がいくら儲けたか、だけを示せばよいことになります。

　しかしながら、B社にも言い分はありそうです。たとえば、「300万円売り上げることができたのは、ウチの営業努力の賜物である。特許のせいではない。」というように。

　このような場合には、B社自身の貢献の部分を減額するという形で調整がとられます。

　最後に、第三の方法もあります。

　もし、B社がA社に対して特許のライセンスを求めてから製造販売していたら、B社はいくらA社に払うべきであっただろうか、というものです。

　たとえば、もしB社からライセンスを求められていたなら、A社は、B社の製品1個あたり3万円要求していたと仮定します。この場合、損害額として、30個×3万円＝90万円支払うべきである、ということになります。

第5章　特許権の成立をめぐる争い

1 審査結果の争い方

　特許権に関する争いのパターンその3として、特許権の成立を
めぐる争いがあります。

　特許権の成立に関する争いとは、具体的には、特許権が成立し
ないこと、そして成立したこと、をめぐる争いを指します。

　第一に、特許権が成立しないことについての争いです。発明を
完成した者には特許を受ける権利が与えられ、この権利を持った
者が特許出願を行い、審査の結果、もし要件を充たしていればそ
の技術を登録・公開し、権利者（特許権者）には、登録された発
明について一定期間の独占権を与えられます。

　これに対し、たとえば、審査の結果、審査官が、出願された発
明は出願前にすでに公に知られていた発明と同じものであると判
断し、特許を与えないという決定（拒絶査定といいます）をした
としましょう。この決定に納得のいかない出願人は、特許庁の中
に設けられた審判（拒絶査定不服審判。121条）という手続を利用
して、再度審査してもらうことができます。

　審判の決定（審決といいます）によって、審査結果が覆り、特
許が与えられることもありますが、やはり特許は与えられないと
して審査結果が維持された場合、まだ不満のある出願人は、知的
財産高等裁判所に審決を取り消してもらうための訴え（審決取消
訴訟といいます）を起こすことができます。知的財産高等裁判所
が特許庁の審決を取り消すと、もう一度特許審判が再開されます。

第二に、特許が成立したことについての争いです。特許出願された発明が、実は出願前にすでに公に知られていた発明であるのにその事実が審査官によって見落とされ、誤って特許が与えられてしまうこともあります。2つの技術が同じなのか違うのか、評価が分かれ得ることは、すでに**第4章**で見たとおりです。

　この場合、ミスに気づいた第三者（出願人、審査官以外の者）は、特許庁に設けられた審判（無効審判といいます）の手続を利用して、特許をはじめからなかったこととしてもらうことができます。審決によって特許無効との判断が得られなかった場合に、これに不満な者は、さらに、知的財産高等裁判所に審決取消訴訟を起こすことができます。判決によって審決が取り消されると、再度特許庁で無効審判が再開されます。

　審判手続は特許庁、審決取消訴訟は裁判所でそれぞれ行われます。審判を担当する審判官は理科系出身の行政官、審決取消訴訟を担当するのは通常の裁判官（ただし特許庁出身の調査官が技術面でサポートします）です。この2つの手続の関係について、法律問題が発生します。

　次の事例で考えてみましょう。

┌─Case10─────────────
│　Aは、発明aについて特許出願（以下「本件特許出願」という。）
│をし、設定登録を受けた（以下、これによる権利を「本件特許権」
│といい、その登録された特許を「本件特許」という）。これに対し

てBは、発明aは本件特許出願前にBが学会で研究発表したことにより公然知られた発明と同一であること（新規性がない発明であること）、および、発明aはBとAによる共同発明であるにもかかわらず、Aが単独で本件特許出願をしたことを理由として、特許無効審判（以下「本件審判」という。）を請求した。本件審判を審理した特許庁は、発明aはBの学会研究発表に係る発明と同一であることを理由として、その余については判断せず、「本件特許を無効とする」との審決（以下「本件審決」という。）をした。

　Aは、本件審決に対して審決取消訴訟を提起し、発明aはBが学会で研究発表した発明と同じではないこと（発明aの新規性は認められるべきであること）の立証に成功したが、Bは、発明aはBとAによる共同発明であるにもかかわらず、Aが単独で本件特許出願をしたことを主張している。このようなBの主張が上記審決取消訴訟において許されるか。　　　　　（平成30年司法試験知的財産法改題）

	A	B
無効審判		理由1　発明 a は公知
（本件審判）		理由2　共同出願違反
	↓	
本件審決	本件特許は無効	理由1　認める
		理由2　判断せず
	↓	
審決取消訴訟	理由1	理由2
	発明 a は	共同出願違反
	公知ではない	

2 審決取消訴訟の審理対象

　Aは、発明aについて本件特許権を有しています。これに対し、Bは、2つの理由で無効審判（123条）を請求しています。

　第一に、発明aは本件特許出願前に公知となっていた発明と同一であること（新規性がないこと）を主張しています。

　第二に、発明aはAとBの共同発明であるにもかかわらず、Aが単独で出願したこと（共同出願違反）を理由としています。

（共同出願）38条
　特許を受ける権利が共有に係るときは、各共有者は、他の共有者と共同でなければ、特許出願をすることができない。

　これらの2つの主張のうちどちらかが認められると、本件特許は無効となります。Case10では、特許庁は、Bが挙げた理由のうち新規性がないという審判請求の理由についてのみ判断を加え、「本件特許を無効とする」という本件審決を下しました。つまり、Bが主張した理由のうち、共同出願違反の当否については、無効審判では判断が示されませんでした。このように、どちらかの理由だけでも認められれば無効の判断となる場合、それ以外の無効理由については、判断するまでもないからです。これに対して、もし主張された無効理由がいずれも成り立たず、特許は有効であるという判断を示す際には、審決では主張された全ての無効理由について判断し、いずれの主張にも理由がないことを判断する必

要があります。

　本件審決に対して、Ａは審決取消訴訟を提起しました。知財高裁において、Ａは、新規性を欠くとの無効理由については、発明ａは、出願時公知の発明と同一ではないことの立証に成功し、無効審決の判断を覆すことに成功しています。一方、Ｂは、無効審決を維持するため、無効審判の段階では主張したが審決においては判断されなかった共同出願違反の無効理由を改めて持ち出しています。

　それでは、本件のようなケースについて、Ｂの主張は認められるでしょうか。この問題について、最高裁の判例（最判昭和51・3・10民集30巻2号79頁〔メリヤス編機事件〕）は、無効審決取消訴訟で争うことができるのは、無効審判手続において現実に争われ、かつ、審理判断された特定の無効理由に限られる、とのルールを提示しています。これをCase10に当てはめると、Ｂが無効審判において主張した2つの無効理由のうち、発明ａが新規性を欠くとの理由は、Ａ、Ｂが現実に争い、審決において審理判断されていますので、審決取消訴訟において、Ａ、Ｂは、これを争うことができます。これに対し、もう1つの無効理由である、共同出願違反については、問題文からは明らかではありませんが、無効審判においてはＡは当然争ったと思われるものの、審決の中では判断は示されませんでした。つまり、最高裁のいう「審理判断された特定の無効原因」には当たらない、ということになります。したがって、Ｂは、審決取消訴訟の段階において、共同出願違反の理由を主張することはできない、ということになります。

3 講義後の質問タイム

さちお君　審決取消訴訟は行政訴訟ですか？

なおき先生　そうです。

さちお君　行政法の授業で、取消訴訟の審理の対象は処分の違法性一般だ、と習いました。それなのに、今日の授業では、Bは、無効審判でせっかく主張したのに、審判で判断が示されなかったというだけの理由で、取消訴訟の段階では同じ理由を主張できなくなるのですよね。

なおき先生　そういうことになりますね。

さちお君　それは行政法の原則と矛盾しませんか。

なおき先生　最高裁は、なぜ、特許審判の取消訴訟で取消理由の主張が制限されるのかについて、いくつかの理由付けを列記しています。その理由として、まず、特許については、専門的知識や経験を有する審判官による審判制度の手続を経ることが必要とされており、審決取消訴訟は、特許の適否自体ではなく、特許庁の審決の違法性のみを対象とするものであることを指摘しています。私なりに翻訳しますと、本来ならば通常の裁判官が判断すべきことなのだが、特許の有効性については技術の知見が必要であるので、技術の専門家である特許庁の審判官にまず判断を委ねるべきであり、審判官が判断しなかったことについて、裁判官は第一次的な判断は控える、ということかと思います。審判官と裁判官の役割分担ということでしょう。

さちお君　せっかく特許庁に審判制度を作ったのだから任せる、ということですね。行政法の原則の例外か。

なおき先生　そうですね。ただし、この判決が下された後、今日では、無効の抗弁が侵害訴訟において認められるようになっています。無効の抗弁の審理では、裁判官は、特許庁の無効審判の判断とは独立に無効理由を判断します。とくにその点をとらえて、学説上は、メリヤス編機事件の判断は見直されるべきである、という意見もあります。

第6章　ライセンス（実施権）

特許権に関する争いのパターンその4として、ライセンス（実施権）に関する争いがあります。

　ライセンス（実施権）とは、特許権者から差止請求等を受けない法的地位（立場）のことをいいます。ライセンスを受けている者をライセンシー、ライセンスを与える側の特許権者をライセンサーと呼びます。

　ライセンスには、効力の強弱によって、大きく2種類が存在します。

　第一は、通常実施権（78条）です。通常実施権者は、特許発明の実施を行うことができます。特許権者は、通常実施権を複数の者に認めることも、特定の者にだけ許諾することも（独占的通常実施権）できます。通常実施権者には、差止請求権は認められていません（100条参照）。

　第二は、専用実施権（77条）です。専用実施権は、特許庁に登録しないと効力が発生しません（98条1項2号）。専用実施権を設定すると、特許権者も特許発明を実施できなくなります（68条但書、77条）。専用実施権者は差止請求権を認められています（100条）。

（特許権の効力）68条

　特許権者は、業として特許発明の実施をする権利を専有する。ただし、その特許権について専用実施権を設定したときは、専用実施権者がその特許発明の実施をする権利を専有する範囲については、この限りでない。

ライセンスは、第一に、ライセンサーとライセンシーとの契約によって成立する場合があります。

　第二に、一定の条件を充たした場合には、ライセンサーである特許権者の意思にかかわらず、法律上、ライセンスが認められることもあります。たとえば、先使用権に関する79条は次のように規定しています。

（先使用による通常実施権）79条

　特許出願に係る発明の内容を知らないで自らその発明をし、又は特許出願に係る発明の内容を知らないでその発明をした者から知得して、特許出願の際現に日本国内においてその発明の実施である事業をしている者又はその事業の準備をしている者は、その実施又は準備をしている発明及び事業の目的の範囲内において、その特許出願に係る特許権について通常実施権を有する。

　ライセンスが成立する例外的な場合として、第三に、裁定による実施権（強制実施権とも呼びます）があります。特許発明が継続して3年以上実施されていない場合（83条）、自己の特許権の一部が他人の特許発明を利用しており抵触関係にある場合（92条）、戦時や自然災害時等において公共の利益のために実施が必要な場合（93条）、です。実際この制度が発動されてライセンスが強制された例はまだないとされています。

　次の事例を考えてみましょう。

┌─Case12
　Aは、新しい医薬品に関する本件特許権を有しており、Bは、本
件特許権について、Aから、専用実施権の設定を受け、本件特許権
の実施品である医薬品を製造販売している。
　Cは、A・Bに無断で、本件特許権の技術的範囲に含まれる医薬
品を製造販売している。
　AとBは、それぞれCに対し、右医薬品の製造販売の差止請求を
行うことができるか。
└

　Cは、特許権者であるA、専用実施権者であるBに無断で、本
件特許権の技術的範囲に含まれる医薬品を製造販売しており、丙
の行為は、本件特許権を侵害します。
　100条は、特許権者、専用実施権者のいずれにも差止請求権を
認めています。

（差止請求権）100条
1項　特許権者又は専用実施権者は、自己の特許権又は専用実施権を
　　　侵害する者又は侵害するおそれがある者に対し、その侵害の停止
　　　又は予防を請求することができる。

　「又は」とされていることに注意してください。この点、特許
発明を自ら実施する行為については、専用実施権を設定した特許
権者はこれを行うことはできない（68条但書）のとは異なってい
ます。
　特許法は、特許発明の実施については専用実施権者のみがこれ

を行うように規定し、侵害者への差止請求については、特許権者、専用実施権者のいずれもが可能であるとしているわけです。

　最高裁の判例（最判平成17・6・17民集59巻5号1074頁〔生体高分子—リガンド分子の安定複合体構造の探索方法事件〕）も、このような場合について、特許権者は差止請求を行うことができる、としています。

著作権法

第7章　著作権侵害（1）

——著作物——

1 著作権の侵害とは

　第7章以下では、著作権の侵害をめぐる争い（著作権侵害訴訟）について見ていきます。

　著作権者は、著作権を侵害する相手方に対して、侵害行為をやめさせ（差止請求）、損害賠償請求などを行うことができます。その際、著作権者は、次のことを証明する必要があります。

　第一に、保護を求めている作品が著作権法によって保護される著作物であることです。著作権は、特許と違い、国への出願や審査といった手続の必要なく権利が発生し、保護されるためには、作品の表現になんらかの意味で作者の個性が表れていれば十分です（創作性がある、といいます）。

　第二に、自らが著作権を有していることです。これには、大きく、①著作者として著作権を取得した場合（**第8章 *1* 参照**）と、②第三者から著作権を譲渡、相続等により取得した場合、があります。

　第三に、相手方の行為が「著作権」を侵害することです。これに対して、相手方は、自らの行っている行為が権利制限規定に該当するという反論をすることができます。

　これらを充たせば、侵害者である相手方に対する差止請求が認められることとなります。

（差止請求権）112条

1項　著作者、著作権者、出版権者、実演家又は著作隣接権者は、その著作者人格権、著作権、出版権、実演家人格権又は著作隣接権を侵害する者又は侵害するおそれがある者に対し、その侵害の停止又は予防を請求することができる。

　この章では、著作権侵害の成立条件の第一である著作物とは何かについて説明します。次の事例で考えてみましょう。

Case13

　出版社Aは、職業写真家であるBに対し写真を撮影することを依頼し、Bは、写真αを撮影した。

　写真αは、文楽舞台において、衣装等を着けて鼓を持たせた文楽人形βを斜めから撮影したカラー写真である。βの作者である人形作家Cは、衣装等をつけた文楽人形βと鼓を撮影現場に持参し、自ら人形を操作してそのポーズを決め、Bは、写真構図、採光、露光、シャッタースピード等を決めてシャッターを切った。写真αは著作物か。　　　　　　　（平成18年司法試験知的財産法改題）

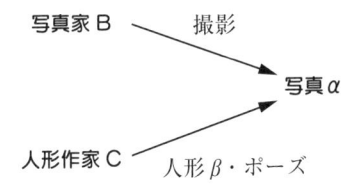

2 写真の著作物

著作権法において、著作物とは、次のようなものをいいます。

(定義) 2条1項
1号　著作物　思想又は感情を創作的に表現したものであつて、文芸、学術、美術又は音楽の範囲に属するもの

そして、写真は著作物の一例として列挙されています（10条1項8号）。なお、写真のほかに例示されているのは、小説などの言語の著作物（同項1号）、音楽の著作物（同項2号）、舞踊または無言劇の著作物（同項3号）、絵画、版画、彫刻その他の美術の著作物（同項4号）、建築の著作物（同項5号）、地図または学術的な性質を有する図面、図表、模型その他の図形の著作物（同項6号）、映画の著作物（同項7号）、プログラム（ソフトウェア）の著作物（同項9号）です。

ここで注意すべきは、写真であればどんな写真でも著作物に当たるわけではなく、あくまで、2条1項1号の基準を充たすものだけが著作物として著作権法による保護を受けるということです。たとえば、スマホに付いているカメラで間違ってシャッターが押されて写真が撮影されてしまうことはあると思います。これもたしかに写真ではありますが、その表現に撮影者である人間の個性が表れているとはいえないでしょう。

2条1項1号の「思想又は感情を創作的に表現」しているとは、作品の表現に何らかの意味で作者の個性が表れていれば十分であると考えられています。個性、ですので、必ずしも従来の作品よりも優れていることは必要ではありません。

　特許権と著作権の最大の違いは、特許権は登録によって発生するのに対して、著作権は、創作行為だけで発生し、登録は必要ないということです。

（著作者の権利）17条
2項　著作者人格権及び著作権の享有には、いかなる方式の履行をも
　　　要しない。

　写真αについても、創作的表現であると認められるものであれば、登録など不要で、著作権が発生します。

　それでは、写真αは著作物といえるでしょうか。

　まず、一般に、写真において創作的表現が生じるのは、被写体の選択・組合せ、配置、構図・カメラアングルの設定、シャッターチャンスの捕捉、陰影等についてであるとされます。

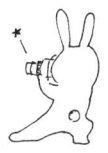

これをCase13に当てはめますと、まず、写真αの構図は斜めからであり、たんに真正面から撮影したような場合に比べると、相対的には何らかの個性が表れる可能性があるといえるでしょう（過去の裁判例には、版画を真正面から撮影した写真の著作物性を否定したものがあります）。

　さらに、Bは、構図のほか、採光、露光、シャッタースピード等を決めてシャッターを切っています。これらの要素にBの個性が認められれば写真αは著作物と認められます。

　一方、Cは、被写体である文楽人形βを操作してそのポーズを決めています。Cは、カメラのシャッターを押して撮影しているわけではありませんが、写真に写っている被写体について、工夫をしているといえます。これもまた、写真の表現の個性に貢献していると評価できる場合があるでしょう。

　本件では、人形βにつけたポーズが個性的であれば、被写体の配置において創作性が認められ、この点からも写真αは著作物ということになるでしょう。

　なお、写真αは、Bが撮影、Cは被写体のポージングを担当し、撮影スタジオで共同して1つの写真として創り上げられたものといえますので、B、Cは共同で写真αの著作権を有していることになります。

3　建物の著作物と図面の著作物

　次に、建物とその図面の著作物性が問題となる事例を考えてみ

ましょう。

Case14

　Aは、見た人が住居とは思えないような、奇抜な家に住みたいと考え、Bとの間で設計請負契約を締結し、Bは、同契約に基づいて、A住居の斬新なデザインを考えつき、これを記した設計図Cを作成した。住居Aのデザイン、設計図Cは著作物か。

（平成26年司法試験知的財産法改題）

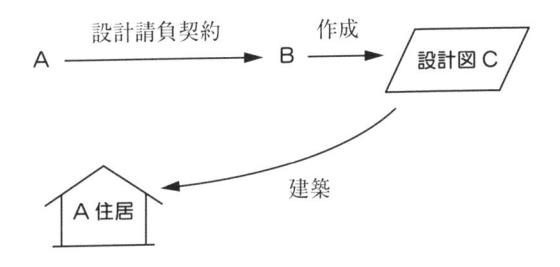

　Case14で、「見た人が住居とは思えないような、奇抜な家に住みたいと考え、Bとの間で設計請負契約を締結」したのはAです。

　しかし、実際に斬新なデザインを考えつき、設計図Cに表現したのはBです。

　その際、Aは、Bに対して、何か注文を述べたかもしれません。ただ、著作権法上の位置付けとしては、Aは表現の対象である思想または感情それ自体（アイデアと呼びます）を提供したにすぎず、著作物を創作した者とは評価されない可能性が大きいでしょう。

著作権法においては、作者が表現したい対象がまずあり、これを個性的に表現したものが著作物であると考えます。

　そして、表現される対象ないし内容そのもの（思想、感情などのアイデア）は万人の利用にゆだね、あくまでその個性的な表現の部分だけについて独占権を与えることにしているからです。

　一方、Bは、斬新なA住居のデザインを考えつき、設計図Cを作成しています。

　ここでは著作物は２つ発生することに注意が必要です。すなわち、建築の著作物と図面の著作物です。10条の著作物の例示においては、建築の著作物は５号、図面の著作物は６号に、それぞれ異なるカテゴリとして挙げられています。

　まず、Bが設計図Cを作成した時点では、まだA住居は建築されていませんが、そのデザインが設計され、設計図Cに表現された時点で建築の著作物としては成立しています。表現されたデザインは「斬新」とありますので、A住居のデザインは建築の著作物と認められるでしょう。

　一方、設計図Cについても、斬新な建物のデザインが書かれており、図面の著作物と認められるでしょう。

　以上、A住居のデザイン、設計図Cはいずれも著作物であり、Bは著作者であり著作権を有しています。

4　編集著作物

　ここまで、著作権法10条に例示されている著作物についていくつか見てきました。では、次のようなものも著作物として認められるでしょうか。

Case15

　Aは、K市の市バス運転手であったが、退職後、K市のガイドマップを作成して販売することを思い立ち、市バスだけを利用して巡ることができる知られざる観光スポットを厳選したガイドマップというコンセプトを考えた。ガイドマップに載せる観光スポットを探す作業は、Bが担当し、Bは3か月をかけてK市を歩き回って、市バスの停留所近くの知られざる小さな寺社など多くの観光スポットを探し出し、その中から人気が出そうなガイドマップに載せるべき

観光スポット50か所（以下「本件観光スポット50か所」という。）を厳選した。

　Bは、K市が作成し無料で自由な使用を認めている標準的なK市の地図に、本件観光スポット50か所を書き入れるとともに、市バスの路線図と停留所名も詳細に書き込んで、一枚物のガイドマップαを作成した。ガイドマップαは著作物か。著作者は誰か。

（平成30年司法試験知的財産法改題）

　Aが「市バスだけを利用して巡ることができる知られざる観光スポットを厳選したガイドマップというコンセプト」を考えたことは、著作権法上の評価としては、創作表現行為にはいたらない単なる思想感情それ自体（アイデア）の提供にとどまるでしょう。したがって、Aはガイドマップαについて著作権を持ちません。

　一方、多数の観光スポットの中から、「本件観光スポット50か所」を厳選し、地図に実際に書き入れる等してガイドマップαを作成したのはBです。

このように、多数の素材の中から選択し、配列する行為に個性が認められる著作物を、編集著作物と呼びます。

（編集著作物）12条
1項　編集物（データベースに該当するものを除く。……）でその素材の選択又は配列によつて創作性を有するものは、著作物として保護する。

ガイドマップαは、編集著作物であり（著作権侵害成立の第一条件）、Bは、編集著作物であるガイドマップαの著作者といえます。

5　講義後の質問タイム

さちお君　Case14ですが、建築と設計図の２つの著作物の関係がよくわかりません。

なおき先生　たしかにわかりにくいですね。まず、この事例ではたまたまBが１人で建物のデザインを考え、設計図も作成しましたが、これら２つの行為を２人の人間が別々に行うこともあり得ます。１人がまず建物をモデルやデッサンで表現し、後からそれを別の１人が具体的に図面に描く場合です。

さちお君　なるほど。そういう場合を考えると、２人の創作はそれぞれ別か。もう１つわからないのは、建築の著作権が、まだ建物が完成する前に設計時点で発生している、ということです。

なおき先生　はい。建築の著作物というと、すでに完成した建築

のことだと思われがちですが、著作権法が保護しているのは、建築のデザインであり、まだ実際に建築物がこの世に出現する前でも、設計の段階で表現されていれば建築の著作物が発生するとされているのです。

第8章　著作権侵害（2）

——著作者——

1 著作者に関するルール

　著作権侵害が認められるためには、原告が保護を求めている作品が著作物であることに加えて、原告が著作権を有していることが必要です。

　第7章*1*で学んだように、①自らが著作物を創作するなどして「著作者」となる場合と、②他人から著作権を譲渡、相続等した場合に著作権を取得することとなります。

　著作者は誰かについて、著作権法は次のようなルールを規定しています。

　まず、原則として、著作物を創作する者が著作者となります（2条2項）。そして、著作者は、著作権と著作者人格権という2つの種類の権利を与えられます（17条1項）。

　会社内で業務上作成される著作物については、特別なルールがあり、個々の従業員ではなく、会社が著作者となります（職務著作）。

（職務上作成する著作物の著作者）15条
1項　法人その他使用者（以下この条において「法人等」という）の
　　　発意に基づきその法人等の業務に従事する者が職務上作成する著
　　　作物（プログラムの著作物を除く）で、その法人等が自己の著作
　　　の名義の下に公表するものの著作者は、その作成の時における契
　　　約、勤務規則その他に別段の定めがない限り、その法人等とする。

また、映画についても、多数のスタッフが関わる著作物であり、また、製作には多額の資金を要するため、個人によって創作される小説や音楽とは異なるルールが決められています。

（映画の著作物の著作者）16条

　映画の著作物の著作者は、その映画の著作物において翻案され、又は複製された小説、脚本、音楽その他の著作物の著作者を除き、制作、監督、演出、撮影、美術等を担当してその映画の著作物の全体的形成に創作的に寄与した者とする。ただし、前条の規定の適用がある場合は、この限りでない。

　映画の著作者は監督等であり、彼らに、まず著作権が発生します。しかし、　監督等が映画の製作に参加することを映画製作者（映画会社、製作委員会等）と約束しているときは（通常そうだと思います）、著作権は、結局映画製作者のものになります。著作権法は、映画製作者は、映画の製作を企画し、資金を調達しており、彼らに著作権を与えることにより、映画の劇場公開、DVD化、テレビ放映、ネット配信によって、投じられた資金を回収できるようにしているのです。

（定義）2条1項

10号　映画製作者　映画の著作物の製作に発意と責任を有する者をいう。

（映画の著作物の著作権の帰属）29条

　映画の著作物の著作権は、その著作者が映画製作者に対し当該映画

の著作物の製作に参加することを約束しているときは、当該映画製作者に帰属する。

　第四に、**Case13**のBとCのように、複数の者が共同して創作した著作物を共同著作物、その著作者を共同著作者といいます。

（定義）2条1項
12号　共同著作物　2人以上の者が共同して創作した著作物であつて、その各人の寄与を分離して個別的に利用することができないものをいう。

2　映画の著作物の著作権

　以上のルールを次の事例に当てはめてみましょう。

> ─Case16─
> 　映画製作会社Bは、本件ドキュメンタリー映画の製作を企画し、その監督として、同ドキュメンタリーに使用する映像の撮影およびシナリオに即した映像の編集を、フリーの映像作家Aに依頼したところ、Aは同ドキュメンタリーの製作に参加することを約束した。そして、Aは、本件ドキュメンタリーに使用する映像を撮影するために、撮影場所を選定し、構図、カメラアングル、光量、絞りなどを決めて撮影し、本件映像フィルムをBに提供した。
> 　本件映像フィルムの撮影に関しては、撮影機材の提供、撮影場所への旅費、宿泊費、その他必要経費は全てBの負担において賄わ

　本件映像フィルムを撮影したのはAです。Aは、本件映像の撮影にあたり、監督として、撮影場所を選定し、構図、カメラアングル、光量、絞りなどを決めています。Aは、本件映像フィルムについて、16条にいう「全体的形成に創作的に関与した」者に当たり、本件映像の著作者といえるでしょう。

　一方、映画製作会社Bは、本件ドキュメンタリーの製作を企画し、本件映像フィルムの撮影に関する必要経費を全て負担しています。これらの行為は、それぞれ、２条１項10号にいう「発意」

と「責任」に当たり、Yは、「映画製作者」となります。

（定義）2条1項
10号　映画製作者　映画の著作物の製作に発意と責任を有する者をい
　　　う。

　そして、映像作家Aは、Bからの監督起用の依頼に応え、本件
ドキュメンタリーの製作に参加することを約束しており、29条に
いう参加約束の要件を充たすため、結局、本件映像フィルムの著
作権はBに帰属すると考えられます。

3　職務著作

　Case16については、Aが作成した本件映像フィルムの職務著
作者がBであるという可能性もあります。同じ著作物が、職務著
作にも、映画の著作物にも同時に当たる場合には、職務著作に関
する15条が優先適用されます（職務著作として扱われます）。

（映画の著作物の著作者）16条
　……ただし、前条（職務著作）の規定の適用がある場合は、この限
りでない。

　職務著作に関する15条を改めて見てみましょう。

（職務上作成する著作物の著作者）15条

1項　法人その他使用者（以下この条において「法人等」という。）の発意に基づきその法人等の業務に従事する者が職務上作成する著作物（プログラムの著作物を除く。）で、その法人等が自己の著作の名義の下に公表するものの著作者は、その作成の時における契約、勤務規則その他に別段の定めがない限り、その法人等とする。

　Case16では、Bが本件ドキュメンタリーの製作を企画しており、本件映像フィルムはBの「発意に基づき」作成されたといえます。

　問題となるのは、Aが「フリーの映像作家」であり、Bの「業務に従事する者」といえるかです。この点で手がかりとなるのは、「本件映像フィルムの撮影に関しては、撮影機材の提供、撮影場所への旅費、宿泊費、その他必要経費は全てBの負担において賄われ、また、Aは、撮影のため地方に出張する場合以外は、毎週2、3回程度Bに出社して、報酬も月払いで支払われていた。」という事実です。要するに、AはBの正規の従業員ではなかったものの、定期的に出社して報酬は月払い、撮影費用もBが全部負担していた、ということです。

　ただし、Bは、本件ドキュメンタリーを企画してはいるものの、肝心の本件映像フィルムの撮影については問題文からうかがわれる限りAにほぼ丸投げしているようであり、特段注文したり指揮監督したりということはなかったようです。

　このあたりを考え合わせると、本件映像フィルムについて職務

著作が成立するとは言い難いかもしれません。

　というわけで、結論としては、Bは映画製作者として著作権を有するということになりそうです。

4　講義後の質問タイム

さんきち君　会社は著作物を物理的に「創作」していないのになぜ著作者になれるのですか？

なおき先生　なかなか難しい質問です。今の著作権法の法案作成に携わった文化庁の担当者（当時）は次のように解説しています。「本来、著作物というのは人間の知的活動として生み出されるものでありますから、著作者は自然人というのが建前ですけれども、現実に会社が著作物を作成し出版するという形で、社会的にもその著作物に関する責任を会社が負い、会社として対外的信頼を得ているという場合が多いわけでありますので、そういう性格のものについては、その会社を著作者とするという規定が本条〔15条〕であります」（加戸守行『著作権法逐条講義』（〔6訂新版〕、著作権情報センター、2013）146頁）。

さんきち君　なるほど。「建前」と「現実」ですか。面白いですね。ところで、先生も職務著作したことありますか？

なおき先生　うーん…入試問題がそうかなあ。大学の業務として教員の職務上作問して、もちろん公表名義は大学ですから。作ったのは私でも、私に著作権があるとはまったく思わないですねえ。

さちお君　先生が講義で配るレジュメはどうですか？

なおき先生　講義するのはもちろん大学教員の職務としてですが、レジュメの内容はあくまで私個人の見解であり、いちいち記名していない場合も含め、私の名義の下公表している、つまり個人の著作ということになりますかね。

第9章　著作権侵害（3）

──複製と翻案──

ここまで、著作権法で保護される著作物とは何か、著作権を有するのは誰か、について説明してきました。

　この章では、いよいよ、どういう場合に著作権を侵害しているといえるのかについて見ていきます。次の事例で考えてみましょう。

Case17

　Aは、小説αを執筆した。小説αは、Aが数年暮らした外国を舞台に、外国人の若い男女を主人公とした恋愛小説であった。

　Bは、小説αをもとにして、ストーリー展開と登場人物の性格設定を同様なものとしつつ、舞台を日本とし、主人公を日本人の若い男女に置き換えた小説βを執筆した。

　Cは、小説αの続編として、主な登場人物をそのまま登場させ、主人公のその後の人生を描く小説γを執筆した。B、Cの行為はAの著作権を侵害するか。　　　　（平成19年司法試験知的財産法改題）

1 著作権の種類と複製・翻案

「著作権」というのは、著作者に与えられたいろいろな種類の権利のうち、財産的な権利に属するものの総称です。具体的には、複製、上演・演奏、上映、公衆送信、口述、展示、頒布、譲渡、貸与、翻訳、翻案、といろいろな権利があります（21条〜28条）。

このうち、複製とは、他人の著作物に依拠して、その表現と実質的に同一のものを作り出す行為のことをいいます。CDをデジタルで完全にコピーするような場合だけでなく、たとえば、他人の小説にわずかながら変更を加えつつ真似たといった場合についても、複製権侵害となることがあります。

複製権と似た権利として、翻案権があります。複製が、他人の著作物をそのまま利用するものであるのに対して、翻案とは、他人の著作物のコアの部分は借用しつつ、利用する側が自らの創作を加えて新たな著作物を作り出すことをいいます。わかりやすいのは、著作物の翻訳、映画化、あるいは商品化といった場面でしょう。

著作物の中で保護されるのは創作性のある表現部分だけです。したがって、たとえば、無断で小説が映画化されたといった場面においては、小説家が映画会社に権利行使できるのは、小説の創作的表現、具体的には、場面描写やストーリー展開といった部分に限られることになります。

わかりやすくいいますと、誰かが、他人の小説を無断で映画化

し、しかし、小説の具体的な表現部分を用いずに、アイデアに属する部分だけ拝借した場合には、著作権侵害にはなりません。

表現とアイデアの境界は、ケースバイケースで判断せざるを得ないむずかしい問題です。

一例として、小説などの登場人物のキャラクターといわれるものがあります。

たとえば、シリーズ物の推理小説の中で、主人公である私立探偵について、名前、出身地、容貌、決め台詞、趣味などが詳細に表現され、読者に一定の固定したキャラクターとして認識されていたとしましょう。

この主人公の設定を無断利用して、推理小説の「続編」を執筆したら、推理小説の著作物の著作権侵害となるでしょうか。

人物設定そのものはアイデアにすぎないので、まったく異なるストーリーであれば権利侵害にはならないという場合もあるでしょう。しかしながら、常に著作権侵害とならないとは限りません。

「続編」の中で、推理小説のさまざまな表現が借用され、これを読んだ読者が、元の推理小説の特徴を感じ取ることができるほどであれば、侵害になるといわざるを得ないでしょう。

これに対して、漫画のキャラクターのように、ビジュアルに表現されている場合は、この絵を無断で利用すること自体、複製権の侵害に問われるおそれがあります。

さて、Case17では、小説 β は小説 α をもとに、また、小説 γ は小説 α の続編として書かれたものであるという共通点があります。言い換えると、B、Cはいずれも小説 α を読み、これを参

考・利用して自らの作品である小説β、小説γを創作しています。これを「β、γはともに小説Aに依拠（いきょ）した」といいます。

　次に、B、Cがそれぞれ小説αのどの部分を利用し、またどの部分を利用せず、自ら創作しているか、には違いがあります。

　Bは、小説αとストーリー展開と登場人物の性格設定を同様のものとしつつ、舞台と登場人物の設定を置き換えています。

　これに対し、Cの作品である小説γは、小説αの登場人物はそのまま登場させていますが、続編であるためストーリー展開としては小説αには書かれていない主人公のその後が描かれています。

　どちらがAの著作権を侵害するでしょうか。

　小説βは、既存の作品に依拠し、その表現部分を維持しつつ、新しい作品を作り出しており、翻案に当たると言ってよいでしょう。翻案を定義した判例として、最判平成13・6・28民集55巻4号837頁〔江差追分（えさしおいわけ）事件〕があります。

　「言語の著作物の翻案（著作権法27条）とは、既存の著作物に依拠し、かつ、その表現上の本質的な特徴の同一性を維持しつつ、具体的表現に修正、増減、変更等を加えて、新たに思想又は感情を創作的に表現することにより、これに接する者が既存の著作物の表現上の本質的な特徴を直接感得することのできる別の著作物を創作する行為をいう。」

　翻案によって創作された著作物（Case17では小説β）を二次的著作物、元となった作品（Case17では小説α）を原著作物（げんちょさくぶつ）といいます。

（定義）2条1項

11号　二次的著作物　著作物を翻訳し、編曲し、若しくは変形し、又は脚色し、映画化し、その他翻案することにより創作した著作物をいう。

（翻訳権、翻案権等）27条

著作者は、その著作物を翻訳し、編曲し、若しくは変形し、又は脚色し、映画化し、その他翻案する権利を専有する。

Bのように、原著作物である小説 α の著作者Aに無断で二次的著作物である小説 β を翻案によって創作する行為については、翻案権の侵害（27条）が成立します（ただし、個人的な楽しみのために執筆した場合には著作権侵害とはなりません〔47条の6第1項1号〕）。

一方、小説 γ は、登場人物自体は小説 α と同一であるものの、ストーリーは小説 α とは異なります。そもそも、小説 α の登場人物自体は、小説 β によって利用された性格設定とは異なり、具体的な表現というよりも、一種の思想、感情（アイデア）に近いものといえます。もしここでCが利用したのが小説 α のアイデア部分だけであるとすると、翻案権侵害は成立しません。著作権によって保護されるのはあくまで表現の創作性に限られるからです。

2　二次的著作物と原著作物

著作者は、翻案権を有しています。著作物が翻案されることにより作成された二次的著作物がさらに利用される場合、もととな

った原著作者の権利はどのようなものになるでしょうか。

　たとえば、次のような事例を考えてみましょう。

┌─Case18─

　小説家であるAは、本件小説を執筆した。漫画家であるBは、Aの承諾を得て、本件小説を原作とした連載漫画（以下「本件漫画」という。）を執筆した。その際、Bは、本件小説に登場する主人公である武将αの特徴について、本件小説に言語で描かれている特徴を踏まえながらも漫画として描くにふさわしい容姿を自ら考え出し、さらに漫画としての特徴を出すべく、独自の視点を加味して描いた。

　映画製作会社Cは、本件漫画に登場する武将αを主人公としたアニメーションを製作し、それをDVDとして販売したいと考え、この企画をBに持ちかけたところBの承諾を得たので、Aの承諾を得ないまま、同アニメーション（以下「本件アニメ」という。）を製作した。本件アニメは、Bが描いた武将αの作画を忠実にアニメ化したものではあるが、その物語の展開は本件小説には全く描かれていない独自の内容であった。

　Aは、Cに対して、本件アニメのDVDの製造・販売の差止めを求めるためにどのような主張をすべきか。

（平成25年司法試験知的財産法改題）

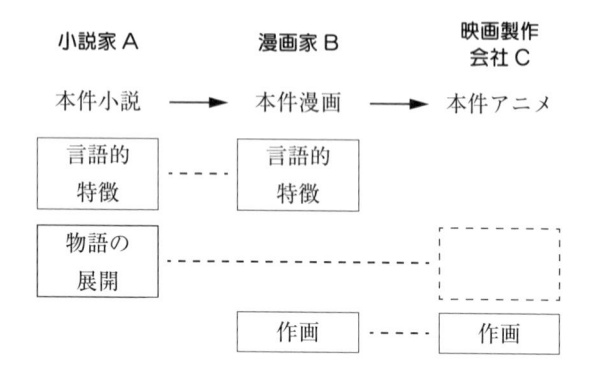

　翻案とは、既存の作品の表現部分を維持しつつ、新しい作品を作り出す行為をいうことは説明しました。

　漫画家であるBは、Aの承諾を得て、本件小説を原作とした連載漫画を執筆しています。その際、まず、Bは、本件小説に登場する主人公の武将αの登場人物の特徴について、本件小説に言語で描かれている特徴を踏まえています。本件小説に言語で描かれている武将αの特徴が創作的表現といえるほど具体的である場合、漫画家Bは、本件小説に「依拠」し、「表現部分を維持し」ているといえるでしょう。

　さらに、漫画家Bは、漫画として描くにふさわしい容姿を自ら考え出し、独自の視点を加味して描いています。

　このように、漫画家Bは、本件小説に依拠し、その表現部分を維持しつつ、「新しい作品」である本件漫画を翻案により創作し、本件小説が原著作物、本件漫画はその二次的著作物の関係に立ちます。

さて、本件アニメは、Bが描いた本件漫画の武将αの作画を忠実にアニメ化したものです。つまり、本件アニメは、本件漫画の複製（21条）に当たります。その際、CはBの許諾を得ています。

　ここで、本件漫画が本件小説の二次的著作物であるという点は問題とならないでしょうか。つまり、Cは、BだけでなくAにも許諾をもらう必要はないのでしょうか。

　この点、本件アニメの物語の展開は本件小説には全く描かれていない独自の内容であったということをどう考えたらいいでしょうか。本件アニメには、本件小説の創作的部分が利用されていないことになります。

　一方、そもそも本件漫画は本件小説がもとになっており、本件小説がなければ本件漫画も生まれなかった、というAの貢献をどう評価すべきでしょうか。

　手がかりとなる条文は、著作権法28条です。

（二次的著作物の利用に関する原著作者の権利）28条
　二次的著作物の原著作物の著作者は、当該二次的著作物の利用に関し、この款に規定する権利で当該二次的著作物の著作者が有するものと同一の種類の権利を専有する。

　ここでは、「原著作物の著作者」はA、「二次的著作者の著作者」とはBのことです。Aは、二次的著作物の複製等についてBが持っているのと同一の種類の権利を持つ、ということです。

　この条文の解釈を示した最高裁の判例（最判平成13・10・25判時1767号115頁〔キャンディ・キャンディ事件〕）は、Case18のよう

な事例について、CはAの許諾も得なければならない、との判断を示しています。

3 誰が著作権を侵害しているか

　他人の著作物を無断で複製すると複製権の侵害が成立します。それでは、直接（物理的に）複製行為は行っていないが、複製行為に加担した者は複製権を侵害しているといえる場合があるでしょうか。

　次の事例で考えてみましょう。

Case19

　事業者Aは、小説αを自ら複数冊購入してそれらを裁断した上で、それを読み込む専用スキャナーが設置されている自社の店舗内の書棚に並べ、小説αを電子ファイル化したい不特定多数の利用者に、店舗外への持ち出しを禁止した上で裁断済みの小説αを貸し出し、それを利用者に上記店舗内のスキャナーで自ら電子ファイル化させ、その電子ファイルを利用者に取得させるという有償のサービスを業として提供している。

　事業者Aは、小説αの著作権を侵害するか。

（平成28年司法試験知的財産法改題）

　この場合、直接（物理的に）複製行為を行っているのは、店舗内のスキャナーで自ら電子ファイル化しているお店の利用者です。ただし、利用者については、複製の目的が個人的家庭内での使用に限定されている場合には、著作権侵害の責任を問われません（30条）。

　一方、Aは、直接（物理的に）複製行為を行ってはいませんが、複製される小説 α を購入し、裁断して書棚に並べ、不特定の利用者に貸し出し、自社の店舗内の専用スキャナーで電子ファイル化させ、入手させています。端的にいいますと、利用者の複製行為の「お膳立て」をしていると評価できます。

　直接（物理的に）　複製行為を行っていない場合であっても、複製の対象、方法、複製への関与の内容、程度等を総合考慮して決めるべきであるというのが判例の立場です（最判平成23・1・20民集65巻1号399頁〔ロクラクⅡ事件〕）。

　　「複製の主体の判断に当たっては、複製の対象、方法、複製への
　　関与の内容、程度等の諸要素を考慮して、誰が当該著作物の複製を
　　しているといえるかを判断するのが相当である」

この考え方をCase19に当てはめてみましょう。「複製の対象」である裁断済みの小説αを提供し、店舗内で管理するスキャナーによって電子ファイル化させている（関与の方法、内容、程度等）事業者Aは、利用者とともに、複製を行っている主体と見ることが可能でしょう。事業者Aについては、複製の目的が個人的家庭内での使用であるということは想定できませんので、結論的には、Aは小説αの複製権を侵害しているといえるでしょう。

4　講義後の質問タイム

さちお君　Case18ですが、Aの創作部分はCに利用されていないので、Aの権利は侵害されていないのではないでしょうか。

なおき先生　実は、学者の中でも、君のような意見は多く聞かれます。最高裁がこのような見解を採用した理由は判決文そのものからは必ずしもはっきりしないといわざるを得ません。そこで推測になってしまいますが、本件漫画には本件小説が利用されており、本件アニメが本件漫画を利用している以上、もととなった本件小説の著作者Aにも見返りを与えるべきである、という考えが背景にあるのではないでしょうか。

さんきち君　Case19について、利用者の複製は侵害とならないのに、事業者が侵害している、というのはおかしくないですか？

なおき先生　必ずしも刑法の正犯共犯と同じと考える必要はないでしょう。利用者は利用者、事業者は事業者、それぞれに複製の主体であるかを判断する、というのが判例の考え方のように思い

ます。

さんきち君　対象、方法などを考慮して決まる、といっても、著作権法に詳しくない業者にとって、事前に適法か違法かの判断が難しいのではないでしょうか。

なおき先生　そういう批判も聞かれるところです。この問題は、今後も引き続き議論されていくことと思います。

第10章　著作権侵害（4）

──著作権の制限──

1 著作権の制限とは

著作権者に無断で利用行為がなされた場合でも、一定の場合には著作権侵害には問われないで済む場合があります。これらを、著作権の制限（権利制限）と呼びます。

著作権制限規定は数多くありますが、そのうち、代表的なものが、30条の私的複製に関する条文です。30条の存在は知らなくても、「個人的または家庭的なコピーは自由だ」というルールについては知っている人が多いと思います。

（私的使用のための複製）30条
1項　著作権の目的となつている著作物は、個人的に又は家庭内その他これに準ずる限られた範囲内において使用すること（以下「私的使用」という。）を目的とするときは、次に掲げる場合を除き、その使用する者が複製することができる。
（1号〜3号　略）

この条文の存在目的はさまざまです。個人の私的な領域での活動の自由を守るべきであること、また、著作権者の側から見ても、閉鎖的な私的領域内での零細な著作物の利用にとどまる限り被害は小さいであろうことが挙げられます。

権利制限でもう1つ有名な条文として、引用に関する条文があります。一定の条件を充たすと、他人の著作物を批評などのため

に引用することは、著作権侵害となりません。

（引用）32条

1項　公表された著作物は、引用して利用することができる。この場合において、その引用は、公正な慣行に合致するものであり、かつ、報道、批評、研究その他の引用の目的上正当な範囲内で行なわれるものでなければならない。

たとえば、ある作家で小説を発表し、批評家が、書評の中で、小説の一部を引いて批判したとします。もしこのような行為に腹を立てた小説家が、自分の著作権を盾に批評家による批評行為を差し止めることができるとすると、自由な論評ができなくなり、文化の発展を目的とする著作権法の趣旨にも反することになりかねません。これが32条の存在理由ということになります。

権利制限の３つ目として、非営利の演奏行為は自由である、という規定があります。たとえば、学校の文化祭で学生のバンドが有名なヒット曲をコピー演奏することはよくあると思います。もちろんギャラは支払われませんし、観客から入場料も取りません。このような場合、バンドあるいは大学は、当該楽曲の著作物を演奏という形で利用することについて、著作権者（我が国の楽曲の大半を管理しているのはJASRACです）の許諾を得る必要はありません。

（営利を目的としない上演等）38条

1項　公表された著作物は、営利を目的とせず、かつ、聴衆又は観衆から料金（いずれの名義をもつてするかを問わず、著作物の提供又は提示につき受ける対価をいう。以下この条において同じ。）を受けない場合には、公に上演し、演奏し、上映し、又は口述することができる。ただし、当該上演、演奏、上映又は口述について実演家又は口述を行う者に対し報酬が支払われる場合は、この限りでない。

2　どこまでが引用として許されるか

Case20

　漫画家であるAは、本件漫画を執筆した。イベント主催会社Bは、各漫画雑誌に掲載された人気漫画の原画を展示して紹介するイベント（以下「本件イベント」という。）を企画し、本件イベントの入場前売りチケット（以下「本件チケット」という。）に、Aに無断で、本件漫画の原画の1コマを印刷して、これを販売しようとしている。なお、本件チケットは、上記原画の1コマを除けば、本件イベントの名称、本件イベントの日時場所が記載されているにすぎないものであった。Bの行為はAの著作権を侵害するか。

（平成25年司法試験知的財産法改題）

　まず、Bが本件チケットに本件漫画の原画の１コマを印刷し、販売しようとする行為は、本件漫画の著作物を複製し（21条）、複製物を譲渡（26条の２）するものといえます。

　これに対し、Bの反論として、本件チケットに本件漫画を印刷する行為は引用（32条）に当たるというものが考えられます。

　引用とは何かについて、最高裁の判例（最判昭和55・3・28民集34巻３号244頁〔パロディ事件〕）は、次のように述べています。

　「引用とは、紹介、参照、論評その他の目的で自己の著作物中に他人の著作物の原則として一部を採録することをいうと解するのが相当であるから、右引用にあたるというためには、引用を含む著作物の表現形式上、引用して利用する側の著作物と、引用されて利用される側の著作物とを明瞭に区別して認識することができ、かつ、右両著作物の間に前者が主、後者が従の関係があると認められる場合でなければならないというべき」

この判決が示した２つの視点は「明瞭区別性」と「主従性」と

呼ばれており、引用の成否を判断する際に鍵となる判断要素となります。

　これをCase20のチケットについて見てみると、原画と記載事項は明瞭に区別されていますが、原画と記載事項のどちらが主か従か、というのは一概にはいえないところがあります。あくまでチケットなので、イベント名と日時が主であり引用は成立する、とも考えられますし、逆に、原画が目立つ形で印刷されており、原画が主で記載事項はおまけ（従）のようなものであるという解釈も成り立つかもしれません。一般的に、主従の判断においては、全体に占める分量が決め手となると考えられています。わかりやすくいえば、本件チケットの全体の半分以上を原画が占めていると、引用とはいえない場合が多いでしょう。

3　非営利の実演

　先ほどの著作権法38条１項を念頭に置きつつ、次のような事例について考えてみましょう。

> ┌Case21─────────────
> 　歌手Aは、チャリティーコンサートにおいて、無報酬で楽曲Bを唄った。聴衆は50名で、入場は無料だったが、会場で配布されたプログラムの中に、市内の福祉施設への寄付のお願い文と封筒が挟んであり、そのお願い文には、寄付をしたい者は封筒に金銭を入れて出口に置かれた募金箱に投じるようにと記載されていた。Aが楽

曲Bの著作権者の事前許諾なく歌唱した場合、Aの歌唱行為は楽曲Bの著作権を侵害するか。　　（平成29年司法試験知的財産法改題）

　本件コンサートの聴衆は50名と多数であり、23条にいう「公に聞かせる」といえるでしょう。

　これに対してAの側は、非営利の実演であるという反論を試みるでしょう。

　38条の適用の条件は3つでした。

(1) 営利を目的としない

(2) 聴衆または観衆から料金（いずれの名義をもってするかを問わず、著作物の提供または提示に付き受ける対価）を受けない

(3) 実演家に報酬が支払われない

　これをCase21に当てはめてみましょう。

　第一に、チャリティーコンサートですので、(1) の条件を充たすといえます。

第二に、Aは無報酬であり、（3）の条件もOKです。

　第三に、本件コンサートは入場無料でした。ただし、寄付のお願い文がプログラムに挟まれています。この場合、38条の「いずれの名義をもつてするかを問わず、著作物の提供又は提示につき受ける対価……を受けない」という条件は充たされるでしょうか。寄付を受けるのは福祉施設であってAではありませんので、第二の条件も充たされるといえましょう。結論として、Aの歌唱行為はBの著作権（演奏権）を侵害しないといえます。

4　講義後の質問タイム

さんきち君　Case20ですが、チケットに原画を印刷するのが「引用」に当たるかもしれない、というのは違和感があるのですが。

なおき先生　なぜかな。

さんきち君　引用、というのは普通、文章の中に他人の文章を引いて批評する場合のように、自分の著作物の中に他人の著作物を引くことはないでしょうか。日時等が書いただけのチケットは著作物とはいえないように思うのですが。

なおき先生　たしかに典型的な引用とはいえいかもしれません。もっとも、32条には「引用して利用することができる」とありますが、「著作物に」といった限定はついていません。少なくとも条文の上では、チケットに原画を引くといった場合も引用の成立はあり得る、ということになります。

さんきち君　あっ、たしかに条文はそうなっていますね。ぼくは、

引用の条文の目的を、何か新しく著作物を創作するために既存の著作物を自由に引くことができるようにするものだと思ってました。

なおき先生 そういうはたらきもあるでしょうが、必ずしも著作物としての創作性に達していないものであっても、何か表現を行うときに、他人の著作物に批評を加えたいということはあるということでしょうね。

第11章　著作者人格権・著作隣接権

1 著作者人格権とは

　著作者は、著作権のほかに、著作者人格権を与えられています。複製、放送などの著作権は、著作者の経済的利益を守るのに対し、著作者人格権は、著作者の人格的利益を保護しています。

　著作者には、著作物を公表するかしないかを決定する権利（公表権、18条）が与えられています。著作権は、著作物が未公表であっても、創作されることにより発生します。たとえば、著者が未公表のままを望んでいた作品が、誰かによって無断で公表されてしまうと、著作者の人格的な利益が害されます。公表され、出版されることにより、場合によっては著作者には印税が支払われ、経済的には潤うということがあるかもしれません。たとえそうであっても、公表未公表についての決定権は著作者にあるのです。

（公表権）18条
　著作者は、その著作物でまだ公表されていないもの（その同意を得ないで公表された著作物を含む。……）を公衆に提供し、又は提示する権利を有する。……

　次に、著作物にどのような氏名を表示するかまたはしないかについて決定する権利（氏名表示権、19条）が与えられています。著作物を匿名のままにしておくか、顕名で発表するか、ペンネームを用いるか、といった決定権は著作者にあります。

（氏名表示権）19条

1項　著作者は、その著作物の原作品に、又はその著作物の公衆への提供若しくは提示に際し、その実名若しくは変名を著作者名として表示し、又は著作者名を表示しないこととする権利を有する。……

　三番目に、著作者には著作物の同一性の改変を受けない権利（同一性保持権、20条）があります。たとえば、作詞家は、創作した歌詞が無断で替え歌にされようとしている場合、これを禁止することが可能です。

（同一性保持権）20条

1項　著作者は、その著作物及びその題号の同一性を保持する権利を有し、その意に反してこれらの変更、切除その他の改変を受けないものとする。

　著作者人格権は、著作者の一身に専属し、譲渡・相続の対象とはなりません（59条）。この点、著作権とは異なります。

　著作者人格権は、個人の人格的利益についての権利である人格権の一種であり、著作者の死亡によって消滅します。著作権が、著作者の死後70年も続くのに対して、随分短い保護になります。

　それでは、著作者が亡くなったら勝手に作品を改変したり無断で公表したり何でもできるということでよいかというと別問題です。これらの行為は、たとえ著作者の死後であっても、無断改変などが無制限に行われると、文化の保護という観点から社会的に必ずしも望ましくありません。そこで、著作者はすでにこの世に

おりませんので、著作者の遺族の一定の範囲の者に、亡き著作者に代わって差止請求権が与えられています（116条）。

（著作者又は実演家の死後における人格的利益の保護のための措置）116条

1項　著作者又は実演家の死後においては、その遺族（死亡した著作者又は実演家の配偶者、子、父母、孫、祖父母又は兄弟姉妹をいう。……）は、当該著作者又は実演家について第60条又は第101条の3の規定に違反する行為をする者又はするおそれがある者に対し第112条の請求を……することができる。

次の事例で具体的に見てみましょう。

2　公表権の侵害とは

Case22

　アニメーションのキャラクターデザイナーであるAは、戯れに思い付いたキャラクターの容姿を描いた絵画αを作成した。Aは、絵画αを友人であるBに見せたところ、Bが欲しいと言ったので、他人に譲渡しないことおよび他人に見せないことを条件に、Bにこれを贈与した。しかしながら、その後、Bは、借金に困り、その返済のために絵画αを売ろうと考え、知合い十数名にこれを見せた。Bは、Aの著作者人格権を侵害するか。

（平成21年司法試験知的財産法改題）

　ここでは、未公表の絵画αを、Bが、Aに無断で、知合い十数名に見せたことが、Aの公表権の侵害になるか（18条）が問題となります。

　絵画αは「公衆」に提示されているでしょうか。著作権法において、公衆とは、特定多数も含むとされています（2条5項）。一般に、公衆というと、不特定の者を指しますが、著作権法では、著作権者・著作者に与える影響を考え、特定の者であっても多数であれば権利の対象としています。

　十数名を多数と評価できるかは、一概にはいえないところがあります。ただし、絵画αはプロのデザイナーAが戯れに思いついた、いわば遊びで書いた作品であり、自分の作品として人目に触れることはまったく望んでいなかったことが問題文からうかがわれます。そのような作品が1人2人ではなく十数名に販売目的でさらされることは、Aの著作者としての人格的利益を大いに侵害するものと考えられ、公衆に無断で提示されたものと考えてよいでしょう。

　しかも、AはBに他人に見せないよう、はっきり条件を付けて

います。もし、このような条件なしに、絵画αが譲られた場合はどうでしょうか。

　Bとしては、Aからタダでもらった絵を誰に見せようと自分の勝手ではないか、と考えるでしょう。絵画αには、美術の著作物が表現されており、絵画αは「美術の著作物の原作品（複製物でないオリジナルのこと）」と呼ばれます。Case22のように、著作者が美術の著作物の原作品でまだ公表されていないものを他人に譲渡した場合、著作者は、その美術の著作物の原作品によって公衆に展示することについて同意したものと推定されます（18条2項2号）。原作品が人手に渡るということは、著作者はその原作品が展示されることは普通織込み済みである、ということです。

（公表権）18条
2項　著作者は、次の各号に掲げる場合には、当該各号に掲げる行為について同意したものと推定する。
　2号　その美術の著作物又は写真の著作物でまだ公表されていないものの原作品を譲渡した場合　これらの著作物をその原作品による展示の方法で公衆に提示すること。

　この条文によると、もしAがなんの限定もなくBに絵画αを贈与したとすると、Aは、Bが公表することについて同意したものと「推定」されます。

　推定とは、この事例でいうと、AがBによる公表に同意していなかったことが証明されない限り、Aは同意したものと扱われるということです。

Case22では、Aは、はっきりと公表を拒絶しており、18条2項2号の適用はありません。Bの行為はAの公表権を侵害します。

3 同一性保持権の侵害とは

Case23

出版社Bは、作家Aの執筆した小説を出版した。その際、Bは、Aの原稿についてAが執筆したそのままの形でB書籍に収録したのではなく、誤記と思われる数か所の送り仮名を変更した。Bの行為は、Aの著作者人格権を侵害するか。

Bが、B書籍収録小説のうち、誤記と思われる送り仮名を変更した、という点はどうでしょうか。Aに無断で小説の表現を改変することは、同一性保持権（20条）の侵害となり得ます。

これに対してBとしては、Bの原稿を出版するにあたって明らかな誤記を直すことは編集上必要な配慮である、といった反論をすることになるでしょう。

（同一性保持権）20条

（許される改変）2項4号　前3号に掲げるもののほか、著作物の性質並びにその利用の目的及び態様に照らしやむを得ないと認められる改変

4　著作隣接権

　ここまで、著作者の権利（著作物、著作者、著作権、権利制限）について説明してきました。

　実は、著作権法にはもう1つ重要な登場人物がいます。著作隣接権者と総称される人たちです。

　著作権法によって権利を与えられるのは、創作的な表現の作り手（著作者）だけではありません。他人が創作した表現を実演し、レコードやCDに吹き込み、放送し、有線放送する者についても、著作者に与えられる権利と比べますと限定的ではありますが、権利が与えられています（89条以下）。

　たとえば、音楽を例にとりましょう。作詞家、作曲家、編曲家は、楽曲において個性を表現したと認められれば、音楽の著作物の著作者となります。一方、この曲を歌い、演奏する者については、著作者に相当する個性を発揮していないが、著作者に準ずるものとして、「実演家」というカテゴリで保護されます。

　レコード製作者、放送事業者、有線放送事業者も同様です。著作権法では、このような者を著作者のお隣さんという意味で、「著作隣接権者」と呼びます。著作権法は、個性的、創作的な行

為を行う著作者中心に構成され、その他の者は著作物を利用して経済的価値を生み出すもの、ということです。

5　講義後の質問タイム

さちお君　著作者人格権についてもライセンスは可能なのでしょうか。

なおき先生　はい。未公表の著作物の公表に著作者が同意したり、歌詞の著作物の替え歌について作曲家が同意したりすることはもちろん可能です。

さちお君　そういう場合は個別に許諾が必要かと思うのですが、たとえば、今後数多く行われることが予想されるゲームやプログラムの改変についてあらかじめ一括して許諾を与えるということはできるのでしょうか。

なおき先生　基本的には著作者と利用者が合意すれば可能ですね。ただ、そこには問題も潜んでいます。たとえば、著作者があらかじめ一括して著作物の改変に同意を与えたとしましょう。その後、ある人が改変を行ったところ、改変の結果が著作者の予想をはるかに超えたものだったとしましょう。たとえば、かなり品位に欠けるものであったと。こういう改変についても、著作者の最初の一括同意でカバーできるのか、実は法律上解釈が統一されているわけではないのです。契約書の中でよく見かける条項としては、たとえば、「甲（著作者）は乙に対し著作者人格権を行使しない」といったもの（不行使特約といいます）があります。

事項索引

【著者紹介】

小泉直樹（こいずみ　なおき）
慶應義塾大学大学院法務研究科教授（知的財産法）

本書に収められたイラストは、家族（美穂、美樹、美和）によるものです。それぞれ忙しいなか協力してくれてありがとう。

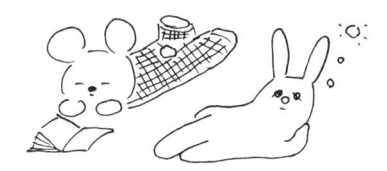

プレップ知的財産法　　　　　　　　　　　　プレップシリーズ

2019（令和元）年10月15日　初　版1刷発行

著　者　小泉直樹
発行者　鯉渕友南
発行所　株式
　　　　会社　弘文堂　　　　101-0062　東京都千代田区神田駿河台1の7
　　　　　　　　　　　　　　　TEL 03（3294）4801　　振替 00120-6-53909
　　　　　　　　　　　　　　　https://www.koubundou.co.jp

装　幀　青山修作
印　刷　三美印刷
製　本　井上製本所

ISBN978-4-335-31330-1